공부로 이끄는 힘!

완자✿

공부력

교과서문해력
교과서가 술술 읽히는 서술어

1A

함께 공부할 친구들

안녕?
우리는 너와 함께
공부할 친구들이야.

안녕? 난 레서판다 '퐁퐁이'야.
매일 딸기우유를 마셨더니 언젠가부터
분홍색 털이 자라기 시작했어!
딸기우유는 정말 맛있어!

서술어, 왜 공부할까?

그런데 너희 서술어가 뭔지 알아?

서술어란 문장에서 '누가/무엇이 어찌하다',
'누가/무엇이 어떠하다', '누가/무엇이 무엇이다', 에서
'어찌하다', '어떠하다', '무엇이다'에 해당하는 낱말이야.

잘 모르겠다고?

'은지가 달린다.'에서 '달린다'
'하늘이 아름답다.'에서 '아름답다'
'은지는 학생이다.'에서 '학생이다'가 서술어야.

서술어는 문장에서 중요한 역할을 하기 때문에
서술어를 이해해야 한 문장의 뜻을 완전하게 이해할 수 있는 것이지.

안녕? 난 쿼카 '동동이'야.
내 취미는 예쁜 나뭇잎을 모으는 거야.
내 주머니 속엔 알록달록
나뭇잎이 가득해.

안녕? 난 꿀벌 '봉봉이'야.
난 날개가 작아서 날지 못할까 봐
늘 걱정했어. 하지만 열심히 연습해서
지금은 빠르게 날 수 있지!

그럼 서술어를 왜 공부해야 할까?
교과서를 이해하는 데 서술어 공부가
왜 도움이 되는 거지?

교과서 읽기에서 서술어가 중요할까요?	→ YES	문장으로 읽고 말하는 교과서, **서술어가 문장을 완성해요!**
개념어만 알면 개념을 아는 걸까요?	→ NO	'개념어+서술어'로 구성된 개념 문장, **서술어에 따라 개념이 달라져요!**
한 번에 한 과목만 공부해야 할까요?	→ NO	공통으로 사용하는 서술어를 기준으로, **여러 과목을 한 번에 공부할 수 있어요!**

이제 서술어를 왜 공부해야 하는지 알겠지?
우리와 함께 공부를 마치면 교과서가 술술 읽힐 거야.
그럼 공부하러 출발~!

교과서 문해력을 높이는

교과서가 술술 읽히는 서술어

이런 서술어로 구성했어요.

비교하며 개념을 이해해요!
뜻이 반대인 서술어

자주 틀리는 서술어를
올바르게 이해해요!
헷갈리는 서술어

문장마다 달라지는 쓰임을 이해해요!
뜻이 다양한 서술어

활동 의도를 제대로 이해해요!
활동을 안내하는 서술어

▶ ▶ ▶ ▶

1A

많다·적다
크다·작다
모으다·가르다
더하다·빼다
밀다·당기다
길다·짧다
무겁다·가볍다
넓다·좁다
높다·낮다
넣다·꺼내다

짓다 | 세다 | 쓰다
기울이다 | 담다

알아보다 | 살펴보다
비교하다 | 나타내다
떠올리다

1-2학년군 구성
1A, 1B, 2A, 2B

1B

굵다·가늘다
두껍다·얇다
늘리다·줄이다
빠르다·느리다
굽히다·펴다
가깝다·멀다
주다·받다
쉽다·어렵다
채우다·비우다
켜다·끄다

가지다 | 열다
묶다 | 지키다
쌓다

표현하다 | 소개하다
발표하다 | 완성하다
실천하다

2A

맞히다·맞추다
짐작하다·어림하다
잊어버리다·잃어버리다
붙이다·부치다
매다·메다

잡다 | 바르다 | 나누다
익히다 | 남다 | 일어나다
걸리다 | 맡다
이루어지다 | 기르다

계획하다 | 정리하다
감상하다 | 분류하다
조사하다

2B

이용하다·사용하다
다르다·틀리다
가리키다·가르치다
존중하다·존경하다
발명하다·발견하다

풀리다 | 벌어지다
얻다 | 세우다 | 펼치다
깊다 | 드러나다
고르다 | 넘다 | 옮기다

정하다 | 확인하다
설명하다 | 의논하다
관찰하다

이렇게 활용해요

준비 하기

코딩을 응용한 활동과 공부할 낱말을 살펴보며
스스로 공부할 준비를 할 수 있어요.

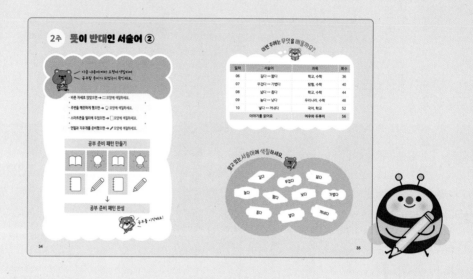

일차 학습

하루 4쪽으로 교과서 낱말을
놀이하듯 재미있게 학습을 할 수 있어요.

그림과 함께
낱말의 뜻 이해하기

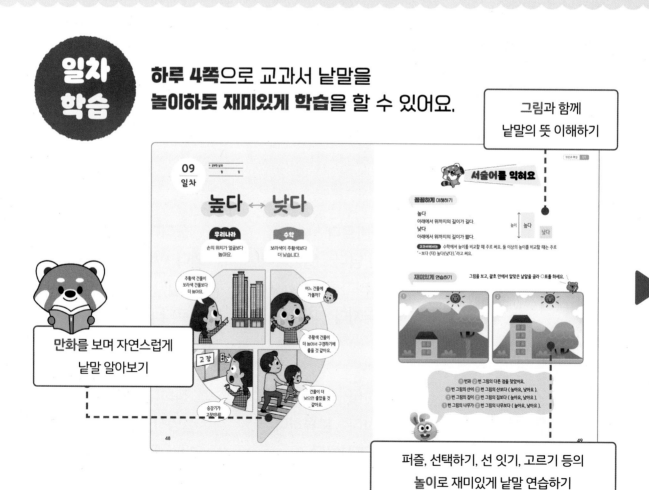

만화를 보며 자연스럽게
낱말 알아보기

퍼즐, 선택하기, 선 잇기, 고르기 등의
놀이로 재미있게 낱말 연습하기

복습 하기

공부한 낱말을 **독해로 복습**하며 낱말의 이해를 넓혀요.
낱말을 종합한 문제를 풀며 **실력을 확인**해요.

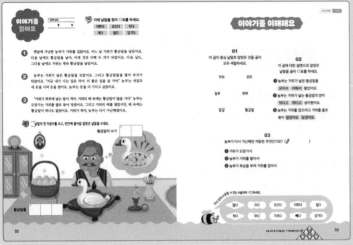

▲
한 주 동안 공부한
낱말이 쓰인 이야기 글을 읽고,
문제를 풀며 이해를 넓혀요.

한 권에서 공부한 낱말과 관련한
문제를 풀며 실력을 확인해요.
▼

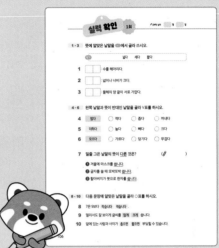

국어 수학 바슬즐 교과서 문장에서
낱말의 쓰임 이해하기

다양한 유형의 문제를 풀며
실력을 다지고, 수업에
활용할 수 있는 예문 연습하기

하루 학습이 끝나면, 칠교 조각을 잘라
칠교 그림판에 붙여 진도 확인하기

무엇을 공부할까요

공부 시작! 차근차근 공부하자.

1주 l 뜻이 반대인 서술어 ①

2주에는 어떤 새로운 서술어를 배울까?

2주 l 뜻이 반대인 서술어 ②

재미있게 공부하다 보니 벌써 3주네.

3주 | 뜻이 다양한 서술어

마지막까지 열심히 공부하고, 실력 확인도 잊지 말아야지.

4주 | 활동을 안내하는 서술어

1주 뜻이 반대인 서술어 ①

다음 내용에 따라 화살표에 색칠하며
공부할 준비가 되었는지 확인해요.

- 책상 주변이 깨끗하면 → 오른쪽으로 세 칸 이동

- 의자에 바른 자세로 앉았으면 → 아래로 두 칸 이동

- 연필과 지우개가 옆에 있으면 → 왼쪽으로 두 칸 이동

- 스마트폰을 책상에서 멀리에 두었으면 → 아래로 한 칸 이동

출발 → → →

↓

← ← ↓

↓

도착

공부를 시작해요!

이번 주에는 무엇을 배울까요?

알고 있는 서술어에 색칠하세요.

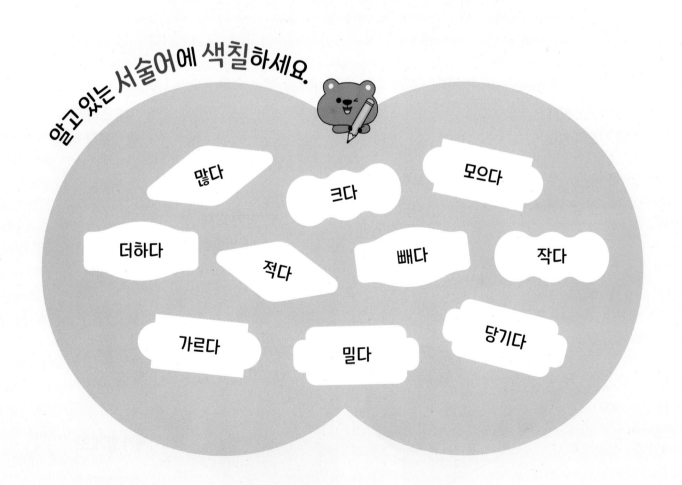

많다 크다 모으다 더하다 적다 빼다 작다 가르다 밀다 당기다

많다 ↔ 적다

수학

당근은 가지보다
많습니다.

우리나라

빨간색 색깔판은 파란색
색깔판보다 더 적어요.

서술어를 익혀요

꼼꼼하게 이해하기

많다
개수나 양이 보통보다 더 있다.

적다
개수나 양이 보통보다 덜 있다.

많다 ❋   **적다** ❋

> **교과서에서는** 개수나 양을 나타낼 때 쓰여요. 특히 수학에서는 개수나 양을 비교할 때 쓰이고, '~은/는 ~보다 (더) 많다(적다).'와 같이 써요.

재미있게 연습하기

빈칸에 들어갈 알맞은 낱말의 번호를 써넣어 문장을 완성하세요.

❶ 많습니다   ❷ 적습니다

우유는
주스보다
[   ].

참외 씨는
사과 씨보다
[   ].

도넛, 식빵,
케이크 중에
도넛이 가장
[   ].

교과서를 이해해요

 교과서에서 '많다'와 '적다'가 어떻게 쓰이는지 살펴보고, 문제를 풀어 보세요.

수학   1학년 1학기 | #수 비교하기

수를 비교해 봅시다.

당근은 가지보다 **많습니다.**
가지는 당근보다 **적습니다.**

---

01 다음 그림을 보고, 알맞은 낱말에 색칠하세요.

숟가락은 포크보다
많습니다   적습니다 .

02 다음 설명에 알맞은 꽃다발을 골라 ○표를 하세요.

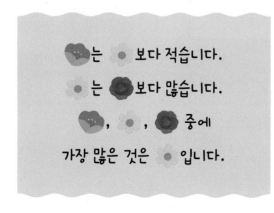

🌷는 🌼 보다 적습니다.
🌼 는 🌺 보다 많습니다.
🌷, 🌼, 🌺 중에
가장 많은 것은 🌼 입니다.

우리나라 1학년 1학기 | #판 뒤집기 놀이

색깔판을 뒤집는 놀이를 해 볼까요?

빨간색 색깔판은 3개,
파란색 색깔판은 5개예요.
빨간색 색깔판은 파란색 색깔판보다
2개 더 적어요.

03 친구들이 3명씩 짝을 짓는 놀이를 하고 있어요.
알맞은 낱말을 골라 색칠해서 말풍선을 완성하세요.

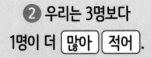

❶ 우리는 3명보다
1명이 더 많아 적어 .

❷ 우리는 3명보다
1명이 더 많아 적어 .

크다 ← → 작다

탐험

달은 지구보다
큰가요?

수학

3은 5보다
작습니다.

바지가 작년보다
작아졌어요.

네 키가
작년보다 커져서
그런 거야.

부럽다. 나는
언니보다 작아.

우유를 마시고
언니보다 더 커야지.

서술어를 익혀요

꼼꼼하게 이해하기

크다
길이, 넓이, 수가 보통을 넘는다.

작다
길이, 넓이, 수가 보통보다 덜하다.

크다   작다

교과서에서는 크기를 나타낼 때 쓰여요. 특히 수학에서는 주로 수의 크기를 비교할 때 쓰이고, '~은/는 ~보다 (더) 크다(작다).'와 같이 써요.

재미있게 연습하기

그림을 보고, 알맞은 낱말을 골라 ○표를 하세요.

치즈는 소시지보다

큽니다.   작습니다.

요구르트병은 물병보다

큽니다.   작습니다.

피망, 당근, 양배추 중에
양배추가 가장

큽니다.   작습니다.

교과서를 이해해요

 교과서에서 '크다'와 '작다'가 어떻게 쓰이는지 살펴보고, 문제를 풀어 보세요.

 탐험 | 1학년 1학기 | #우주 #퀴즈 맞히기

책을 읽고 퀴즈 놀이를 해 볼까요?

달은 지구보다
큰가요?

달은 지구보다
작습니다.

01 예준이는 우주를 소개하는 책을 만들려고 해요.
다음 그림을 보고, 괄호 안에 들어갈 알맞은 낱말에 ○표를 하세요.

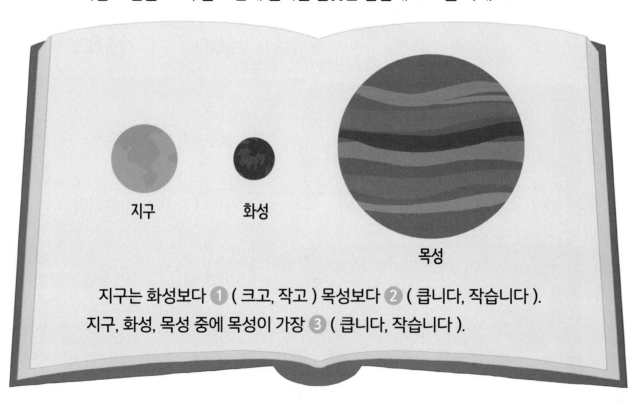

지구　　　　화성

목성

지구는 화성보다 ❶ (크고, 작고) 목성보다 ❷ (큽니다, 작습니다).
지구, 화성, 목성 중에 목성이 가장 ❸ (큽니다, 작습니다).

수학 1학년 1학기 | #수의 크기 비교하기

수를 비교해 봅시다.

| 5 | | 3 |

5는 3보다 **큽니다.** 3은 5보다 **작습니다.**

02 다음 중 옳은 내용을 골라 ○표를 하세요.

4는 2보다 작습니다.

5는 8보다 큽니다.

7은 9보다 작습니다.

03 다음 도움말을 보고, 모양에 맞는 숫자를 색칠하세요.

도움말

★ 은 5보다 크고 7보다 작습니다.

♣ 은 3보다 크고 5보다 작습니다.

모으다 ↔ 가르다

우리나라

세뱃돈을
모아 저금해요.

수학

고구마를 두 바구니에
갈라 보세요.

저금통에
동전을 모았어.

동전을 모아
무엇을 살 거야?

엄마께 드릴
선물을 살 거야. 내일이
엄마 생신이거든.

동전을 500원 짜리와
100원 짜리로
갈라 세어 볼까?

서술어를 익혀요

꼼꼼하게 이해하기

모으다
어떤 것을 하나로 합치다.

가르다
어떤 것을 나누어 따로따로 되게 하다.

모으다
가 르 다

교과서에서는 수학에서 덧셈과 뺄셈을 배울 때 쓰여요. '모으다'는 덧셈, '가르다'는 뺄셈과 연관돼요.

재미있게 연습하기

낱말이 쓰인 사탕을 활용해 문장을 완성하세요.

운동장에 있는 사람들을

모두 ⬚ .

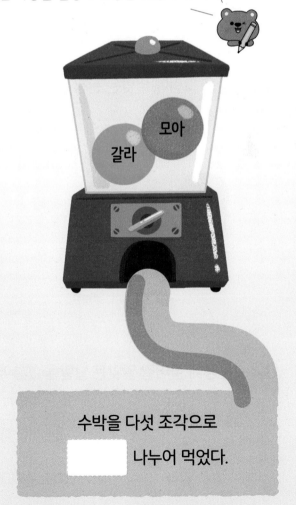

수박을 다섯 조각으로

⬚ 나누어 먹었다.

21

교과서를 이해해요

 교과서에서 '모으다'와 '가르다'가 어떻게 쓰이는지 살펴보고, 문제를 풀어 보세요.

우리나라 1학년 1학기 | #명절에 하는 일

명절에는 무엇을 하며 지낼까요?

어른들께 세배해요.
어른들께서 세뱃돈을 주시면,
세뱃돈을 모아 저금해요.

친척들과 윷놀이해요.
편을 둘로 가르고,
순서대로 윷을 던져요.

01 다음 그림에 알맞은 문장을 골라 ○표를 하세요.

추석에 강강술래를 하려고
친구들을 갈랐습니다.

추석에 강강술래를 하려고
친구들을 모았습니다.

02 문장에 들어갈 알맞은 낱말을 보기 에서 골라 쓰세요.

보기

모아
갈라

윷놀이할 때 사람들을 ❶ [   ] 두 편을 만들어요.

그리고 순서대로 윷가락 4개를 ❷ [   ] 던져요.

22

수학 1학년 1학기 | #덧셈과 뺄셈

모으기와 가르기를 해 봅시다.

고구마는 모두 몇 개인지 **모아** 보세요.

고구마를 두 바구니에 **갈라** 보세요.

고구마를 **모으면** 모두 7개입니다.

고구마를 4개와 3개로 **갈랐습니다.**

03 하린이는 아빠와 함께 쿠키를 만들었어요.
밑줄 친 내용을 보고, 알맞은 개수만큼 쿠키를 색칠하세요.

아빠와 내가 만든 쿠키 5개를 한 그릇에 모았어요.
그리고 선물하려고 <u>쿠키를 두 상자에 3개와 2개로 갈랐어요.</u>

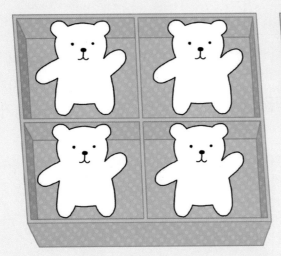

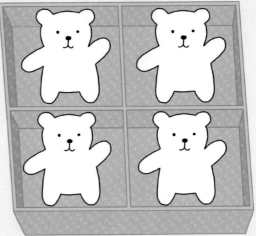

더하다 ↔ 빼다

국어

수학

ㅏ에 선을 더하면
ㅑ가 돼요.

5에서 2를 빼면
3입니다.

구슬 장식이 너무 많네.
구슬 장식을
몇 개 빼면 어떨까?

좋아. 대신에
양말 장식을
더하자.

왜 양말 장식을
더하니?

이렇게 하면
산타 할아버지가
선물을 더 주실 거야.

서술어를 익혀요

꼼꼼하게 이해하기

더하다
더 보태어 많게 하다.

빼다
전체에서 얼마를 덜어 내다.

더하다 ➕ 빼다

교과서에서는 수학에서 덧셈과 뺄셈을 배울 때 쓰여요. '더하다'는 '~에 ~을/를 더하다.'와 같이 쓰고, '빼다'는 '~에서 ~을/를 빼다.'와 같이 써요

재미있게 연습하기

말풍선을 보고, 알맞게 싼 여행 가방을 골라 ○표를 하세요.

여행 가방을 다시 싸야겠어.
바지 2개에 1개를 더하고,
모자 2개에서 1개를 빼고,
양말 2켤레에 1켤레를 더해야지.

25

교과서를 이해해요

교과서에서 '더하다'와 '빼다'가 어떻게 쓰이는지 살펴보고, 문제를 풀어 보세요.

국어 1학년 1학기 | #자음자와 모음자

ㅏ, ㅑ의 차이를 살펴보세요.

ㅑ는 ㅏ보다 선이 하나 더 있어요.
ㅏ에 선을 더하면 ㅑ가 돼요.

ㄱ, ㅋ의 차이를 살펴보세요.

ㅋ은 ㄱ보다 선이 하나 더 있어요.
ㄱ에 선을 더하면 ㅋ이 돼요.

---

01 다음 빈칸에 들어갈 알맞은 낱말을 골라 색칠하세요.

모음자 ㅗ에 선을 [ ] 모음자 ㅛ가 되요.

더하면

빼면

02 다음 설명을 보고, 알맞은 모음자나 자음자를 써넣어 낱말을 완성하세요.

ㅠ에서 선을 하나 빼요.

ㄷ에 선을 하나 더해요.

26

수학 | 1학년 1학기 | #덧셈과 뺄셈

딸기는 몇 개인지 알아봅시다.

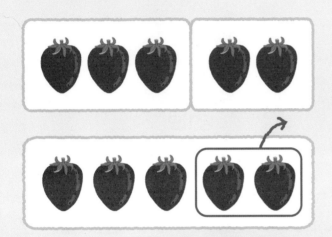

3에 2를 더하면 5입니다.
딸기는 모두 5개입니다.

5에서 2를 빼면 3입니다.
딸기는 2개 남았습니다.

03 민주는 부모님과 전통 시장에 갔어요.
다음 내용에 맞게 장을 본 장바구니를 골라 V표를 하세요.

전통 시장에서 참외와 사과를 샀어요.
참외 4개를 골랐다가 4개에서 2개를 뺐어요.
대신에 사과 3개에 2개를 더했어요.

밀다 ↔ 당기다

학교

친구를
밀지 않아요.

사람들

양쪽에서 줄을
당겨요.

서술어를 익혀요

꼼꼼하게 이해하기

밀다
한 방향으로 움직이게 반대쪽에서 힘을 주다.

당기다
자기 쪽이나 한 방향으로 가까이 오게 하다.

밀다 ⟶
당기다 ⟵

교과서에서는 '밀다'와 '당기다'는 힘을 써서 무언가를 한 방향으로 움직이게 하는 동작이에요. '밀다'는 보통 나와 멀어지고, '당기다'는 나와 가까워져요.

재미있게 연습하기

그림을 보고, 괄호 안에 들어갈 낱말을 골라 길을 찾아보세요.

교과서를 이해해요

교과서에서 '밀다'와 '당기다'가 어떻게 쓰이는지 살펴보고, 문제를 풀어 보세요.

학교 | 1학년 1학기 | #실내에서는 이렇게

실내에서는 이렇게 해요.

계단에서는 한 줄로 다니고,
친구를 밀지 않아요.

---

01 빈칸에 들어갈 알맞은 낱말에 색칠하세요.

① 복도에서 친구를 내 쪽으로 세게 [밀면] [당기면] 위험해요.

② 교실을 청소할 때, 자루가 달린 걸레를 반대쪽으로 [밀어서] [당겨서] 닦아요.

02 다음 그림에 알맞은 문장을 골라 V표를 하세요.

[ ] 의자를 책상 쪽으로 밀어서 앉아요.

[ ] 의자를 책상 쪽으로 당겨서 앉아요.

사람들 1학년 1학기 | #줄 놀이 #짝과 몸풀기

당기고 밀며 놀아 볼까요?

양쪽에서 줄을 당기면,
줄을 넘어요.

발을 맞대고 서로 밀어요.

03 수아와 지호가 함께 체조를 하고 있어요.
다음 설명에 알맞은 동작을 선으로 이으세요.

손을 맞대고
서로 밀어요.
•

•

손을 잡고
내 쪽으로 당겨요.
•

•

등을 맞대고
번갈아 밀어요.
•

•

이야기를 읽어요

 아래 낱말을 찾아 ◯표를 하세요.

더하다	모으다	작다
적다	많다	당기다

1 옛날에 가난한 농부가 거위를 길렀어요. 어느 날 거위가 황금알을 낳았어요. 다음 날에도 황금알을 낳아, 어제 것과 더해 두 개가 되었어요. 다음 날도, 그다음 날에도 거위는 계속 황금알을 낳았어요.

2 농부는 거위가 낳은 황금알을 모았어요. 그리고 황금알들을 팔아 부자가 되었어요. "지금 내가 사는 집은 작아. 더 좋은 집을 살 거야." 농부는 새집과 새 옷을 사며 돈을 썼어요. 농부는 돈을 더 가지고 싶었어요.

3 "거위가 하루에 낳는 알이 적어. 거위의 배 속에는 황금알이 많을 거야." 농부는 도망가는 거위를 줄로 묶어 당겼어요. 그리고 거위의 배를 열었지만, 배 속에는 황금알이 하나도 없었어요. 거위가 죽자, 농부는 다시 가난해졌어요.

낱말의 첫 자음자를 보고, 빈칸에 들어갈 알맞은 낱말을 쓰세요.

황금알의 수가 | ㅁ | | .

황금알을 | ㅁ | | | .

이야기를 이해해요

오늘 공부 끝! 조각을 잘라 111쪽에 붙이세요.

01

이 글의 중심 낱말로 알맞은 것을 골라
모두 색칠하세요.

거위	오리
농부	어부
달걀	황금알

02

이 글에 대한 설명으로 알맞은
낱말을 골라 ○표를 하세요.

❶ 농부는 거위가 낳은 황금알을
　모아서　더해서　팔았어요.

❷ 농부는 거위가 낳는 황금알의 양이
　작다고　적다고　생각했어요.

❸ 농부는 거위를 잡으려고 거위를 줄로
　묶어　밀었어요　당겼어요 .

03

농부가 다시 가난해진 까닭은 무엇인가요? (　　　　　　)

❶ 거위가 도망가서

❷ 농부가 거위를 팔아서

❸ 농부가 욕심을 부려 거위를 잡아서

자신 있게 사용할 수 있는 서술어에 색칠하세요.

많다	크다	모으다	더하다	밀다
적다	작다	가르다	빼다	당기다

 다음 내용에 따라 도형에 색칠하며
공부할 준비가 되었는지 확인해요.

· 바른 자세로 앉았으면 ➡ 📖 모양에 색칠하세요.

· 주변을 깨끗하게 했으면 ➡ 💡 모양에 색칠하세요.

· 스마트폰을 멀리에 두었으면 ➡ 📔 모양에 색칠하세요.

· 연필과 지우개를 준비했으면 ➡ ✏️ 모양에 색칠하세요.

공부 준비 패턴 만들기

공부 준비 패턴 완성

 공부를 시작해요!

이번 주에는 무엇을 배울까요?

알고 있는 서술어에 색칠하세요.

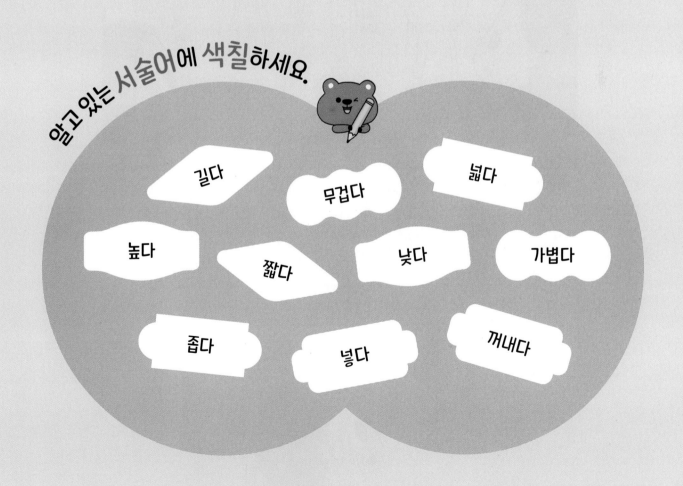

길다 · 무겁다 · 넓다 · 높다 · 짧다 · 낮다 · 가볍다 · 좁다 · 넣다 · 꺼내다

길다 ←→ 짧다

학교

코끼리는 코가
길어요.

수학

색연필은 연필보다
더 짧습니다.

줄이 길다.

저쪽은 줄이 짧아.
저쪽으로 가야겠어.

기다려 보자.

한 곳에서
기다리는 것이
좋을 텐데……

잠시 후

이제는 저쪽 줄이
더 짧아.
그냥 있을 걸.

서술어를 익혀요

꼼꼼하게 이해하기

길다
물체의 양 끝이 서로 멀다.
짧다
물체의 양 끝이 서로 가깝다.

교과서에서는 수학에서 길이를 비교할 때 자주 쓰여요. 둘 이상의 길이를 비교할 때는 주로
'~은/는 ~보다 (더) 길다(짧다).', '~이/가 가장 길다(짧다).'라고 써요.

재미있게 연습하기

그림을 보고, 알맞은 낱말을 골라 ○표를 하세요.

자동차는 버스보다

길어요. 짧아요.

자동차, 버스, 기차 중에
기차가 가장

길어요. 짧아요.

원숭이 꼬리는 여우 꼬리보다

길어요. 짧아요.

돼지, 원숭이, 여우 중에
돼지 꼬리가 가장

길어요. 짧아요.

교과서를 이해해요

교과서에서 '길다'와 '짧다'가 어떻게 쓰이는지 살펴보고, 문제를 풀어 보세요.

학교   1학년 1학기 | #따라 하기 놀이

동물의 모습을 따라 해 보세요.

코끼리는 코가 길어요.
한 손으로 코를 잡고 그 사이 공간으로
반대편 팔을 넣어 코끼리 코를 만들어요.

---

01   친구들이 쪽지에 적힌 동물의 모습을 따라 하는 놀이를 하고 있어요.
다음 쪽지의 설명을 보고, 따라 해야 하는 알맞은 동물을 골라 V표를 하세요.

① 이 동물은 다리가 짧아요. 뒤뚱거리며 걷는 모습을 따라 해 보세요.   ☐    ☐

② 이 동물은 뿔이 길어요. 긴 뿔을 뽐내며 걷는 모습을 따라 해 보세요.   ☐    ☐

③ 이 동물은 귀가 길어요. 귀를 쫑긋 세우고 깡충깡충 뛰는 모습을 따라 해 보세요.   ☐ 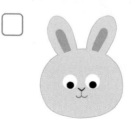   ☐

수학 1학년 1학기 | #길이 비교하기

물건의 길이를 비교해 봅시다.

연필
색연필

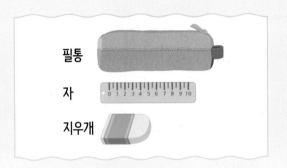

필통
자
지우개

연필은 색연필보다 더 **깁니다.**
색연필은 연필보다 더 **짧습니다.**

필통이 가장 **깁니다.**
지우개가 가장 **짧습니다.**

02 다음 그림을 보고, 알맞은 낱말을 골라 색칠하세요.

당근은 가지보다 더	길고	짧고
오이는 가지보다 더	깁니다	짧습니다

03 다음 설명을 보고, 빈칸에 알맞은 번호를 쓰세요.

세 개 빵 중에서 1번 빵이 가장 짧아요.
세 개 빵 중에서 2번 빵이 가장 길어요.
3번 빵은 1번 빵보다 더 길고, 2번 빵보다
더 짧아요.

번
번
번

무겁다 ↔ 가볍다

탐험

내가 만든 탐험선은
무거워요.

수학

참외는 수박보다
더 가볍습니다.

동동이가
무거워.

운동을 시켜야지.
운동하지 않으면
더 무거워질 거야.

같이 운동을
해야겠어!

매일 함께
운동하자.

며칠 후

이제 동동이는
가벼운데,
나는 힘이 들어.

서술어를 익혀요

꼼꼼하게 이해하기

무겁다
무게가 많이 나간다.
가볍다
무게가 적게 나간다.

교과서에서는 수학에서 무게를 비교할 때 주로 써요. 둘 이상의 무게를 비교할 때는 주로 '~은/는 ~보다 (더) 무겁다(가볍다).', '~이/가 가장 무겁다(가볍다).'라고 써요.

재미있게 연습하기

그림을 보고, 빈칸에 들어갈 알맞은 낱말을 선으로 이으세요.

수박은 사과보다
_____.

책은 책가방보다
_____.

화분은 꽃병보다
_____.

가볍다

무겁다

교과서를 이해해요

 교과서에서 '무겁다'와 '가볍다'가 어떻게 쓰이는지 살펴보고, 문제를 풀어 보세요.

 1학년 1학기 | #탐험선 만들기

탐험선을 만들어 볼까요?

내가 만든 탐험선은
바퀴가 많아서 <u>무거워요</u>.

01 밑줄 그은 내용과 바꾸어 쓸 수 있는 낱말을 골라 색칠하세요.

내가 만든 우주복은 <u>무게가 적게 나가요</u>. 그래서 이곳저곳을 빠르게 갈 수 있어요.

가벼워요   무거워요

02 다음 대화에 들어갈 알맞은 낱말을 보기에서 골라 쓰세요.

보기

가벼워졌어
무거워졌어

우주선에 날개를 더했더니

① _____ .

 우주선에서 창문과 문을 뺏더니

② _____ .

수학 1학년 1학기 | #무게 비교하기

물건의 무게를 비교해 봅시다.

수박은 참외보다 더 **무겁습니다.**
참외는 수박보다 더 **가볍습니다.**

의자가 가장 **무겁습니다.**
필통이 가장 **가볍습니다.**

03 동물 친구들이 놀이터에서 사진을 찍었어요.
다음 사진을 보고, 괄호 안에 들어갈 알맞은 낱말을 골라 ○표를 하세요.

❶ 풍선은 사과보다 더
(무겁습니다, 가볍습니다).

❷ 곰, 여우, 다람쥐 중에 곰이
가장 (무겁습니다, 가볍습니다).

넓다 ←→ 좁다

학교

식판의 아래 부분은
넓어요.

수학

공책은 스케치북보다
더 좁습니다.

우리 반 교실이
넓어요.

얼마나 넓은데?

마을 공원보다 더 좁고,
내 방보다 더 넓어요.

그럼 네 방과
바꾸고 싶니?

아니요. 교실은
청소할 곳이
넓잖아요.

 서술어를 익혀요

꼼꼼하게 이해하기

넓다
넓이나 너비가 크다.
좁다
넓이나 너비가 작다.

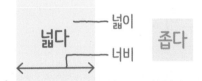

교과서에서는 수학에서 넓이를 비교할 때 주로 써요. 둘 이상의 넓이를 비교할 때는 주로
'~은/는 ~보다 (더) 넓다(좁다).', '~이/가 가장 넓다(좁다).'라고 써요.

재미있게 연습하기

그림을 보고, 알맞은 낱말을 골라 ○표를 하세요.

책의 넓이는 책꽂이의 넓이보다
넓어요   좁아요 .

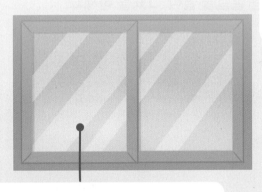

창문의 너비는 액자의 너비보다
넓어요   좁아요 .

책상, 스케치북, 필통 중에
책상의 넓이가 가장
넓어요   좁아요 .

45

교과서를 이해해요

 교과서에서 '넓다'와 '좁다'가 어떻게 쓰이는지 살펴보고, 문제를 풀어 보세요.

학교 | 1학년 1학기 | #급식 시간 #학교 시설

급식은 이렇게 해요.

식판의 아래 부분은 넓어요.
식판의 위 부분은 좁아요.
아래에는 밥과 국을 담고,
위에는 반찬을 담아요.

01 빈칸에 똑같이 들어갈 수 있는 낱말을 골라 ○표를 하세요.

· 교실에서 책상과 책상 사이가 [　　　] 친구가 지나갈 수 없어요.

· 급식실에서 줄을 설 때, 친구와의 사이가 [　　　] 부딪힐 수 있어요.

넓으면   좁으면

02 다음에서 설명하는 장소를 안내도에서 찾아 ○표를 하세요.

이곳은 학교 1층에서 가장 넓어요. 이곳에서 책을 보거나 책을 빌릴 수 있어요.

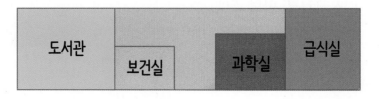

도서관　　보건실　　과학실　　급식실

수학 1학년 1학기 | #넓이 비교하기

물건의 넓이를 비교해 봅시다.

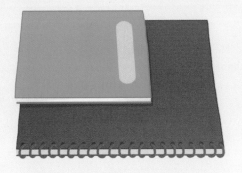

스케치북은 공책보다 더 **넓습니다.**
공책은 스케치북보다 더 **좁습니다.**

스케치북이 가장 **넓습니다.**
수첩이 가장 **좁습니다.**

03 동물들이 숨바꼭질을 하고 있어요.
다음 설명을 보고, 숨어 있는 동물을 찾아 색칠하세요.

내가 숨은 동굴은
더 좁아요.

내가 숨은 바위는
더 넓어요.

내가 숨은 상자가
가장 넓어요.

높다 ↔ 낮다

우리나라

손의 위치가 얼굴보다
높아요.

수학

보라색이 주황색보다
더 낮습니다.

서술어를 익혀요

꼼꼼하게 이해하기

높다
아래에서 위까지의 길이가 길다.
낮다
아래에서 위까지의 길이가 짧다.

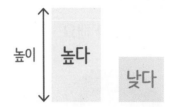

높이 **높다** 낮다

교과서에서는 수학에서 높이를 비교할 때 주로 써요. 둘 이상의 높이를 비교할 때는 주로
'~보다 (더) 높다(낮다).'라고 써요.

재미있게 연습하기

그림을 보고, 괄호 안에서 알맞은 낱말을 골라 ○표를 하세요.

① 번과 ② 번 그림의 다른 점을 찾았어요.

① 번 그림의 산이 ② 번 그림의 산보다 (높아요, 낮아요).

① 번 그림의 집이 ② 번 그림의 집보다 (높아요, 낮아요).

① 번 그림의 나무가 ② 번 그림의 나무보다 (높아요, 낮아요).

교과서를 이해해요

교과서에서 '높다'와 '낮다'가 어떻게 쓰이는지 살펴보고, 문제를 풀어 보세요.

우리나라 1학년 1학기 | #거울 놀이 #태권도 #한옥

태권도 동작을 따라 해요.

'얼굴 막기' 동작을 따라 해 보세요.
손의 위치가 얼굴보다 높아요.

01 다음에서 설명하는 동작을 골라 V표를 하세요.

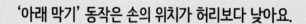
'아래 막기' 동작은 손의 위치가 허리보다 낮아요.

☐  ☐  ☐

02 다음 그림을 보고, 괄호 안에서 알맞은 낱말을 골라 ○표를 하세요.

옛날에는 사람들이 한옥에서 살았습니다. 한옥은 오늘날의
아파트보다 넓지만, 아파트보다 (높습니다, 낮습니다).

수학 1학년 1학기 | #높이 비교하기

물건을 쌓고 비교해 봅시다.

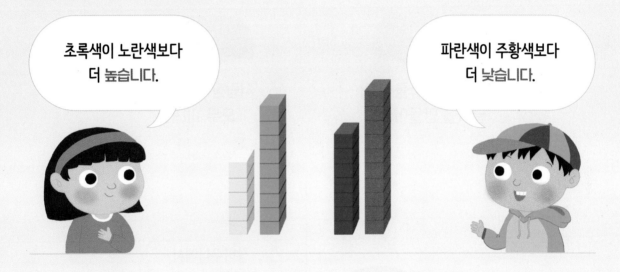

초록색이 노란색보다 더 높습니다.

파란색이 주황색보다 더 낮습니다.

03 친구들이 컵 쌓기 놀이를 하고 있어요.
다음 설명을 보고, 이름표에 알맞은 친구의 이름을 쓰세요.

서우가 쌓은 컵이 가장 높고, 지연이가 쌓은 컵이 가장 낮아요. 해인이가 쌓은 컵은 서우 것보다 더 낮고, 지연이 것보다 더 높아요.

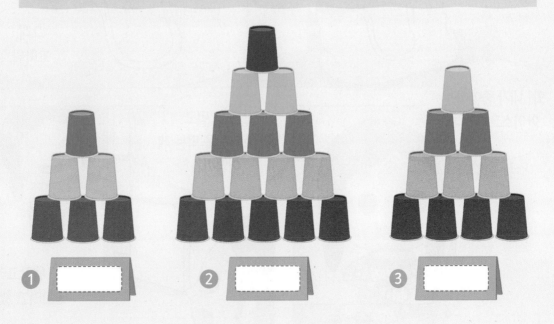

① ② ③

넣다 ↔ 꺼내다

국어

빈칸에 자음자를 넣어
글자를 만들어요.

학교

서랍장에서 물건을
모두 꺼내요.

엄마가 시장에
다녀오셨네.

와! 내가 좋아하는
아이스크림이다.

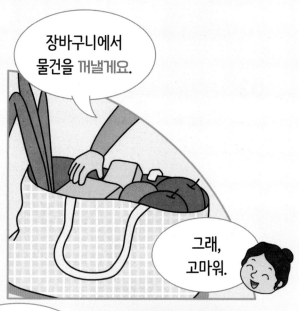

장바구니에서
물건을 꺼낼게요.

그래,
고마워.

밥부터 먹고
아이스크림을 먹는 게
어떨까?

냉장고에
넣으려고 했어요.

서술어를 익혀요

꼼꼼하게 이해하기

넣다
정해진 공간 속으로 들어가게 하다.
꺼내다
안에 있는 것을 밖으로 나오게 하다.

교과서에서는 '넣다'는 빈칸에 글자나 숫자를 넣는 문제나 활동 안내 문장에 자주 쓰여요.
주로 '넣다'는 '~에 ~을/를 넣다.'의 형태로, '꺼내다'는 '~에서 ~을/를 꺼내다.'의 형태로 써요.

재미있게 연습하기

괄호 안에 들어갈 알맞은 낱말을 골라 길을 찾으세요.

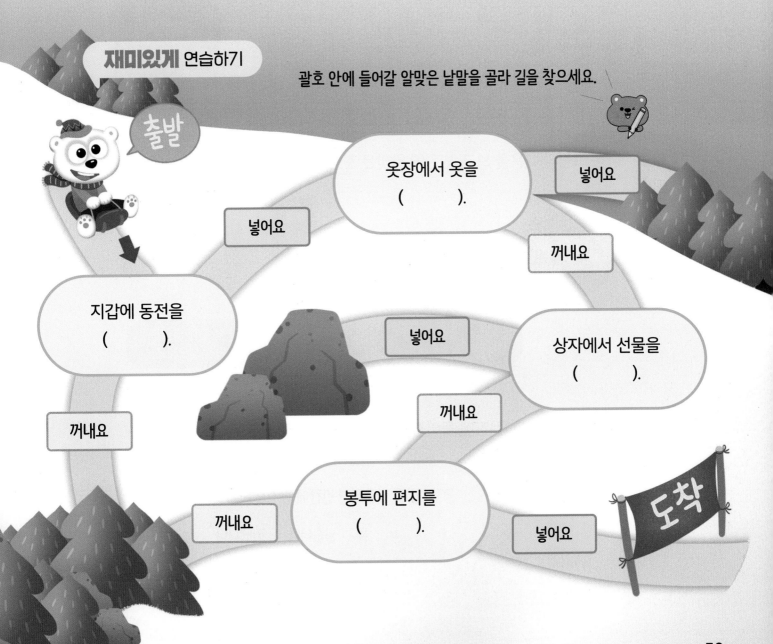

출발

옷장에서 옷을
(   ).

넣어요

꺼내요

넣어요

지갑에 동전을
(   ).

넣어요

상자에서 선물을
(   ).

꺼내요

꺼내요

봉투에 편지를
(   ).

꺼내요

넣어요

도착

교과서를 이해해요

교과서에서 '넣다'와 '꺼내다'가 어떻게 쓰이는지 살펴보고, 문제를 풀어 보세요.

국어 1학년 1학기 | #받침이 있는 글자

받침이 있는 글자를 만들어 봅시다.

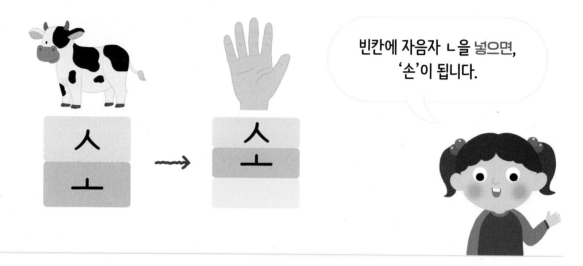

빈칸에 자음자 ㄴ을 넣으면, '손'이 됩니다.

01 다음 그림과 내용을 보고, 빈칸에 알맞은 자음자를 써넣어 글자를 완성하세요.

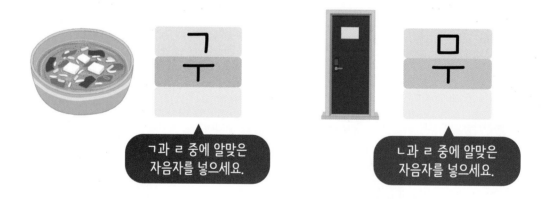

ㄱ과 ㄹ 중에 알맞은 자음자를 넣으세요.

ㄴ과 ㄹ 중에 알맞은 자음자를 넣으세요.

02 다음 글자를 보고, 문장에 들어갈 알맞은 낱말을 골라 색칠하세요.

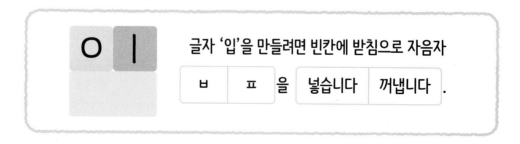

글자 '입'을 만들려면 빈칸에 받침으로 자음자 | ㅂ | ㅍ | 을 | 넣습니다 | 꺼냅니다 | .

학교   1학년 1학기 | #자리 정리

자리를 정리해요.

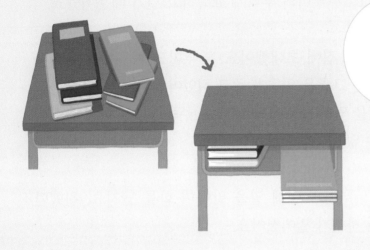

서랍장에서 물건을 모두 꺼내요.
책은 책끼리 모아 넣고,
공책은 공책끼리 모아 넣어요.

03 다은이는 친구들과 우리 반 약속을 정했어요.
괄호 안에 들어갈 알맞은 낱말을 골라 ○표를 하세요.

> 약속 1: 교실에서는 실내화를 신고, 신발장에
> 신고 온 신발을 **1** (꺼내요, 넣어요).
>
>
>
> 약속 2: 준비물을 사용할 때는 준비물 상자에서
> 준비물을 하나씩 **2** (꺼내요, 넣어요).
>
>
>
> 약속 3: 사물함에서 수업 시간에 필요한 물건을
> **3** (꺼내고, 넣고), 필요하지 않은
> 물건은 사물함에 **4** (꺼내요, 넣어요).
>
>

 아래 낱말을 찾아 ○표를 하세요.

| 낮다 | 넓다 | 길다 |
| 좁다 | 넣다 | 짧다 |

1 　어느 날 여우가 두루미를 초대했어요. 여우는 두루미에게 음식을 주었는데, 음식을 담은 그릇이 낮고 입구가 넓었어요. 여우는 음식을 맛있게 먹었지만, 두루미는 음식을 먹지 못했어요. 두루미의 부리가 뾰족하고 길기 때문이었죠.

2 　다음 날 두루미도 여우를 자기 집에 초대했어요. 두루미도 여우에게 음식을 주었어요. 두루미가 음식을 담은 그릇은 입구가 좁고 길었어요. 두루미는 음식을 맛있게 먹었지만, 여우는 음식을 먹지 못했어요. 여우는 주둥이가 짧아서 음식이 담긴 그릇에 주둥이를 넣을 수 없었기 때문이에요.

3 　결국 여우가 화를 냈어요. 두루미도 어제 일을 말하며 화를 냈지요. 친했던 여우와 두루미는 크게 다투어 사이가 멀어졌어요.

낱말의 첫 자음자를 보고, 빈칸에 들어갈 알맞은 낱말을 쓰세요.

부리가 ［ㄱ］ ［ ］ .

입구가 ［ㅈ］ ［ ］

이야기를 이해해요

오늘 공부 끝! 조각을 잘라 111쪽에 붙이세요.

01
여우가 음식을 담은 그릇의 모양으로
알맞은 것을 골라 V표를 하세요.

02
다음은 여우와 두루미에 대한 설명이에요.
빈칸에 들어갈 알맞은 말을 쓰세요.

여우와 두루미의 생김새는 달라요.

여우의 주둥이는 ❶ | | | | .

두루미의 부리는 뾰족하고 ❷ | | | | .

03
여우와 두루미가 다툰 까닭은 무엇인가요? (　　　)

❶ 여우와 두루미가 서로 싫어하는 음식을 주었기 때문에

❷ 여우와 두루미가 서로를 자기 집에 초대하지 않았기 때문에

❸ 여우와 두루미가 서로를 생각하지 않고 자기만 생각했기 때문에

자신 있게 사용할 수 있는 서술어에 색칠하세요.

길다	무겁다	넓다	높다	넣다
짧다	가볍다	좁다	낮다	꺼내다

뜻이 다양한 서술어

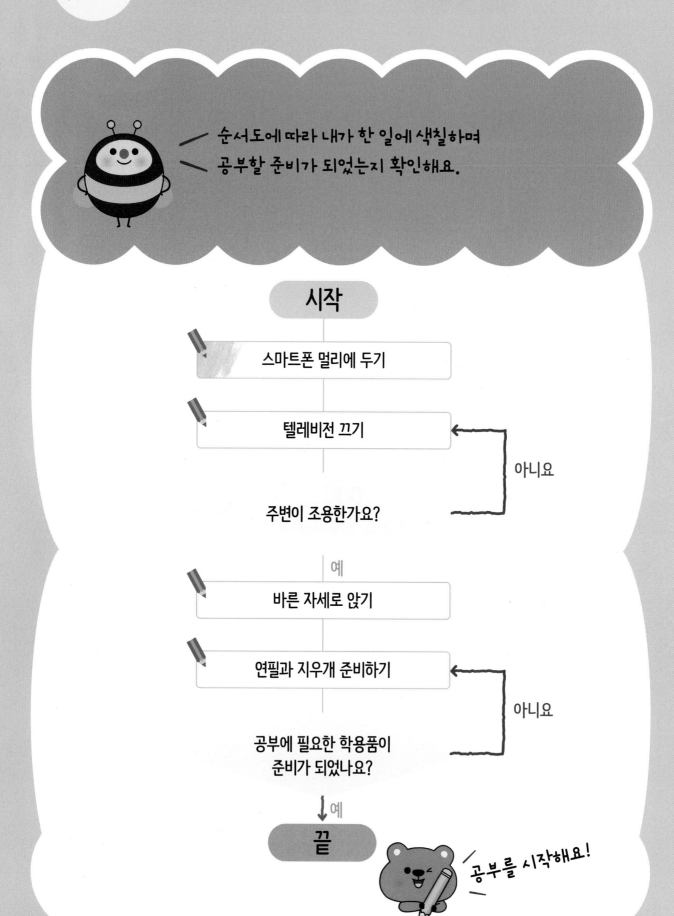

순서도에 따라 내가 한 일에 색칠하며
공부할 준비가 되었는지 확인해요.

시작

스마트폰 멀리에 두기

텔레비전 끄기

아니요

주변이 조용한가요?

예

바른 자세로 앉기

연필과 지우개 준비하기

아니요

공부에 필요한 학용품이
준비가 되었나요?

예

끝

공부를 시작해요!

이번 주에는 무엇을 배울까요?

알고 있는 서술어에 색칠하세요.

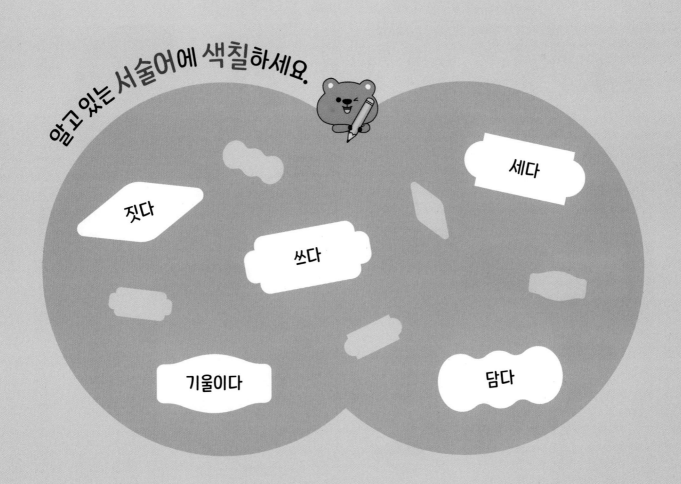

59

짓다

수학	사람들	우리나라
모양의 이름을 지어 봅시다.	미소를 짓고 있어요.	한옥으로 지었어요.

짠! 우리 집에서 입양한 반려견이야.

와! 귀엽다. 이름은 지었니?

아니. 아직 이름을 짓지 못했어.

눈이 예쁘니깐 '초롱이'라고 지으면 어때?

초롱이도 기쁜 표정을 짓는 걸 보니, 이름이 마음에 드나 봐.

예쁜 이름이다!

서술어를 익혀요

꼼꼼하게 이해하기

짓다

① 재료를 가지고 무언가를 만들다.
　　예 나무로 집을 짓다.
② 이름이나 글, 노래 등을 생각해 내어 만들다.
　　예 이야기를 짓다.
③ 어떤 표정이나 태도 등을 얼굴이나 몸에 나타내다.
　　예 혼자서 한숨을 짓다.

교과서에서는 다양한 뜻으로 쓰이기 때문에 앞에 어떤 낱말이 오는지 잘 살펴봐야 해요.

재미있게 연습하기   괄호에 들어갈 수 있는 낱말을 색연필과 같은 색으로 색칠하세요.

(　　　)을/를
짓다.

어떤 표정이나 태도 등을
얼굴이나 몸에 나타내다.

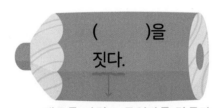

(　　　)을
짓다.

재료를 가지고 무언가를 만들다.

(　　　)을
짓다.

이름이나 글, 노래 등을
생각해 내어 만들다.

교과서를 이해해요

 교과서에서 '짓다'가 어떻게 쓰이는지 살펴보고, 문제를 풀어 보세요.

수학 1학년 1학기 | #여러 가지 모양

 , , 모양의 이름을 지어 봅시다.

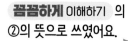
꼼꼼하게 이해하기 의
②의 뜻으로 쓰였어요.

 모양의 이름을
'주사위 모양'이라고
지었어요.

 모양의 이름을
'공 모양'이라고
지었어요.

사람들 1학년 1학기 | #사람들의 표정

사람들의 표정을 살펴볼까요?

미소를
짓고 있어요.

화난 표정을
짓고 있어요.

꼼꼼하게 이해하기 의
③의 뜻으로 쓰였어요.

우리나라 1학년 1학기 | #한옥

한옥으로 지은 건물을 찾아 보세요.

우리나라에 여행 온 외국인을 돕는
안내소를 한옥으로 지었어요.

꼼꼼하게 이해하기 의
①의 뜻으로 쓰였어요.

01

밑줄 그은 낱말이 아래의
뜻으로 쓰인 것을 골라
모두 V표를 하세요.

이름이나 글, 노래 등을
생각해 내어 만들다.

- [ ] 꽃을 보고 시를 <u>지어요</u>.
- [ ] 친구와 놀며 웃음을 <u>지어요</u>.
- [ ] 좋아하는 장난감의 별명을 <u>지어요</u>.

02

빈칸에 똑같이 들어갈 수
있는 낱말을 골라 색칠하세요.

나는 마을 음악회에서 부를 노래를 [　　　].

내 노래를 듣고 사람들이 행복한 표정을 [　　　].

지었어요

만들었어요

03

밑줄 그은 낱말의 뜻이
같은 것끼리 선으로
이으세요.

한옥은 나무와 돌로 <u>짓습니다</u>.

•

가마솥에
밥을 <u>짓습니다</u>.

•

부채를 만들고
이름을 <u>짓습니다</u>.

•

세다

수학

물건의 수를
세어 봅시다.

우리나라

내 딱지가
가장 힘이 세요.

서술어를 익혀요

꼼꼼하게 이해하기

세다

① 수를 헤아리다.

  예 하나부터 열까지 세다.

② 힘이 많다.

  예 힘이 세다.

  예 그 사람은 기운이 세다.

교과서에서는 수학에서 수를 배울 때 ①의 뜻으로 주로 써요.

재미있게 연습하기

밑줄 그은 낱말의 알맞은 뜻을 선으로 이으세요.

동전을
세요.

팔의 힘이
세요.

형이 나보다
힘이 세요.

선생님이
학생 수를 세요.

힘이 많다.

수를 헤아리다.

65

교과서를 이해해요

 교과서에서 '세다'가 어떻게 쓰이는지 살펴보고, 문제를 풀어 보세요.

수학 | 1학년 1학기 | #수 세기

물건의 수를 세어 봅시다.

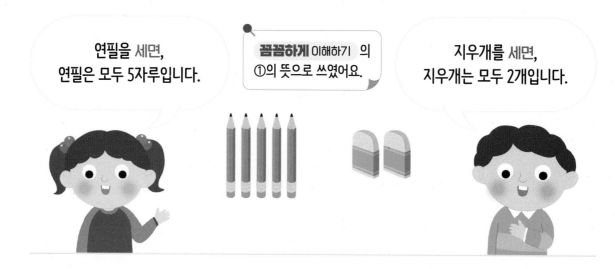

연필을 세면,
연필은 모두 5자루입니다.

꼼꼼하게 이해하기 의
①의 뜻으로 쓰였어요.

지우개를 세면,
지우개는 모두 2개입니다.

01 다음 그림을 보고, 알맞은 낱말과 숫자를 골라 색칠하세요.

바구니 안에 있는 토마토를 [세면][그리면],

모두 [2][3] 개입니다.

02 밑줄 그은 낱말의 뜻으로 알맞은 것을 골라 ○표를 하세요.

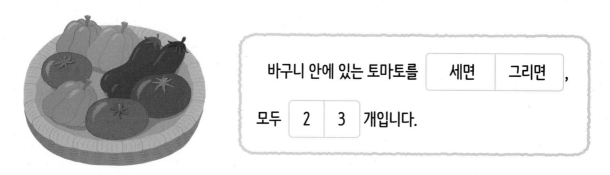

1에서 10까지 이어서 <u>세고</u>, 10에서 1까지 거꾸로 <u>세요</u>.

힘이 많다.

수를 헤아리다.

우리나라 1학년 1학기 | #딱지치기 #명절에 하는 놀이

딱지를 만들어 놀이를 해 볼까요?

딱지를 내리쳐 바닥에 있는
상대방의 딱지를 뒤집어요.
가장 많은 딱지를 뒤집은 딱지가
가장 힘이 세요.

꼼꼼하게 이해하기 의
②의 뜻으로 쓰였어요.

---

03 수연이는 우리나라에서 명절에 하는 놀이를 알아봤어요.
밑줄 그은 낱말의 뜻을 골라 번호를 쓰세요.

1	2
힘이 많다.	수를 헤아리다.

ㄱ 줄다리기는 편을 둘로 갈라서 줄을 마주 잡고 당기는 놀이예요. 줄을 더
많이 당긴 편의 힘이 더 ◌ 세요.

ㄴ 씨름은 두 사람이 힘을 겨루는 놀이예요. 여러 번 경기를 해서 가장 많은
사람을 넘어뜨린 사람의 힘이 가장 ◌ 세요.

ㄷ 투호는 항아리에 화살을 던져서 넣는 놀이예요. 편을 갈라 항아리에
화살을 던져요. 그리고 항아리에 들어간 화살을 ◌ 세요.

쓰다

국어

물음표는 묻는
문장 끝에 쓴다.

사람들

연기가 나면
숨수건을 씁니다.

어버이날을 맞아서
할머니께 드릴 편지와
카네이션이에요.

안경을 쓰고
자세히 봐야겠는 걸.

글씨를 또박또박
잘 썼네.

할머니, 사랑해요.

서술어를 익혀요

꼼꼼하게 이해하기

쓰다

① 글자나 기호 등을 적다.

　예 공책에 이름을 쓰다.

② 어떤 일을 하는 데 재료나 도구 등을 이용하다.

　예 이를 닦는 데 치약을 쓰다.

③ 얼굴에 무언가를 걸거나 덮어쓰다.

　예 인형극에서 가면을 쓰다.

교과서에서는 '쓰다'는 매우 다양한 뜻으로 쓰이는 서술어예요. '쓰다'가 들어간 문장을 많이 읽어보면서 '쓰다'의 다양한 뜻을 익혀야 해요.

재미있게 연습하기

괄호 안에 들어갈 수 있는 낱말이 적힌 바퀴에 색칠하세요.

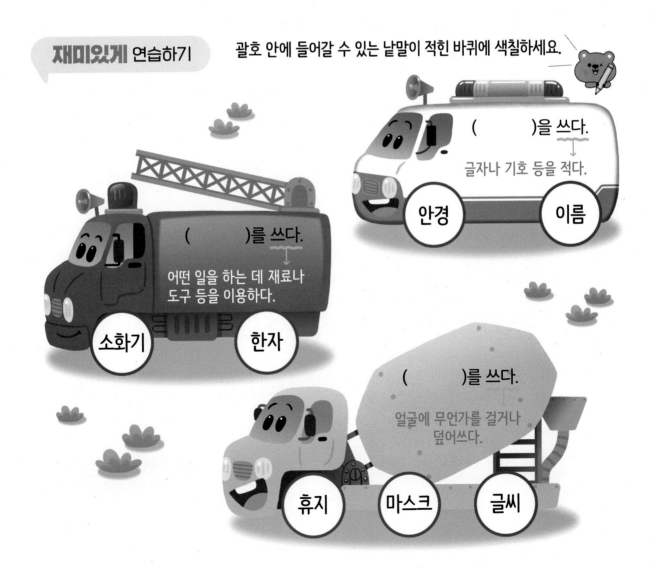

(　　　)을 쓰다.
글자나 기호 등을 적다.
안경 　 이름

(　　　)를 쓰다.
어떤 일을 하는 데 재료나 도구 등을 이용하다.
소화기 　 한자

(　　　)를 쓰다.
얼굴에 무언가를 걸거나 덮어쓰다.
휴지 　 마스크 　 글씨

교과서를 이해해요

교과서에서 '쓰다'가 어떻게 쓰이는지 살펴보고, 문제를 풀어 보세요.

문장 부호와 그 쓰임을 알아봅시다.

선생님,	쉼표	부르는 말이나 대답하는 말 뒤에 쓴다.
있습니다.	마침표	설명하는 문장 끝에 쓴다.
있나요?	물음표	묻는 문장 끝에 쓴다.
좋아요!	느낌표	느낌을 나타내는 문장 끝에 쓴다.

> **꼼꼼하게** 이해하기 의
> ①의 뜻으로 쓰였어요.

---

01 알맞은 낱말 카드를 골라 빈칸에 써넣어 문장을 완성하세요.

> 쉼표   물음표   씁니다   그립니다

'준비물을 준비했니'나 '아침밥을 먹었니'처럼 상대방에게 묻는 문장의 끝에는

[　　　　] 를 [　　　　].

02 밑줄 그은 낱말과 뜻이 같은 낱말을 골라 V표를 하세요.

자음자와 모음자를 바르게 <u>씁니다</u>.

☐ 교과서에 내 이름을 <u>씁니다</u>.   ☐ 그림을 그릴 때 색연필을 <u>씁니다</u>.

사람들

1학년 1학기 | #불이 났을 때 #안전

불이 났을 때는 어떻게 해야 할까요?

불이 났을 때는
숨 수건을 손으로 벌려
머리부터 넣어 써요.

꼼꼼하게 이해하기 의 ③의 뜻으로 쓰였어요.

---

03 아람이는 위험한 일이 일어났을 때 해야 할 행동을 정리했어요.
밑줄 그은 내용을 나타낸 알맞은 그림을 선으로 이으세요.

> **지진이 나면**
> 건물 안이 깜깜하면 <u>손전등을 써서</u> 길을 찾아요.

> **연기가 나면**
> <u>숨 수건을 얼굴에 쓰거나</u> 손수건으로 코와 입을 막아요.

> **비행기에서 사고가 나면**
> 천장에서 내려오는 <u>산소마스크를 쓰고</u> 구명조끼를 입어요.

기울이다

국어

관심을
기울여요.

탐험

상체를 좌우로
기울여요.

서술어를 익혀요

꼼꼼하게 이해하기

기울이다

① 비스듬하게 하여 한쪽을 낮추거나 비뚤게 하다.

⟮예⟯ 고개를 갸웃갸웃 기울이다.

② 정성이나 노력 등을 한곳으로 모으다.

⟮예⟯ 공부를 잘하려고 노력을 기울이다.

⟮교과서에서는⟯ '~을/를 기울이다.'의 형태로 써요. '~을/를'이 ①에서는 눈에 보이는 것이고, ②에서는 눈에 보이지 않는 것이에요.

재미있게 연습하기

밑줄 그은 낱말의 알맞은 뜻을 선으로 이으세요.

몸을 기울여요.

관심을 기울여요.

정성이나 노력 등을
한곳으로 모으다.

노력을 기울여요.

비스듬하게 하여
한쪽을 낮추거나
비뚤게 하다.

물병을 기울여요.

73

교과서를 이해해요

교과서에서 '기울이다'가 어떻게 쓰이는지 살펴보고, 문제를 풀어 보세요.

국어 1학년 1학기 | #바르게 듣기

들을 때의 바른 자세를 알아봅시다.

말하는 사람을 바라보고,
말하는 사람의 말에 주의를 기울여요.

> **꼼꼼하게** 이해하기 의
> ②의 뜻으로 쓰였어요.

---

01 밑줄 그은 낱말의 뜻으로 알맞은 것에 ○표를 하세요.

> 줄넘기를 잘하려고 온갖 노력을 <u>기울였어요.</u>

정성이나 노력 등을
한곳으로 모으다.

비스듬하게 하여 한쪽을
낮추거나 비뚤게 하다.

02 빈칸에 똑같이 들어갈 낱말에 색칠하세요.

· 편지를 쓸 때 정성을 [　　]．

· 컵에 물을 따르려고 물병을 [　　]．

· 아름다운 자연을 지키는 일에 관심을 [　　]．

가져요

기울여요

탐혐 1학년 1학기 | #줄 통과하기

움직이는 줄을 통과해 볼까요?

꼼꼼하게 이해하기 의 ①의 뜻으로 쓰였어요.

허리를 뒤로 젖히고
상체를 좌우로 기울이며
다리를 구부려요.

03 해민이가 체조하는 방법과 주의할 점을 정리했어요.
내용에 알맞은 그림을 골라 번호를 쓰세요.

①

②

③

고개를 한쪽으로
기울여요.

어깨를 한쪽으로
기울이고 손을 뻗어요.

자세를 잘못하면
다칠 수 있으니
주의를 기울여요.

★ 공부한 날짜
월   일

담다

수학	우리나라
물을 더 많이 담을 수 있어요.	평화의 의미를 담고 있어요.

송편을 예쁘게 만들어야지.

이 그릇에 송편을 담으렴.

송편 모양이 독특한 걸.

송편에 제 마음을 담았거든요.

서술어를 익혀요

꼼꼼하게 이해하기

담다

① 물건을 그릇에 넣다.

  예 바구니에 과일을 담다.

② 생각이나 내용을 그림, 글 등으로 나타내다.

  예 그림에 경치를 담다.

교과서에서는 다양한 뜻으로 쓰이므로 전체 문장을 보고 그 뜻을 이해해요.

재미있게 연습하기

밑줄 그은 낱말의 뜻과 같은 뜻으로
사용한 곰의 번호를 쓰세요.

화분에
흙을 <u>담아요</u>.

편지에
마음을 <u>담아요</u>.

동화에
교훈을 <u>담아요</u>.

①

접시에
반찬을 <u>담아요</u>.

②

항아리에
꿀을 <u>담아요</u>.

③

이야기에
생각을 <u>담아요</u>.

④

교과서를 이해해요

교과서에서 '담다'가 어떻게 쓰이는지 살펴보고, 문제를 풀어 보세요.

어느 것에 더 많이 담을 수 있는지 알아봅시다.

물통 한 개에 물을 담아요.

다른 물통에 그 물을 따라서 담아요.

오른쪽 물통은 왼쪽 물통보다 물을 더 많이 담을 수 있어요.

꼼꼼하게 이해하기 의 ①의 뜻으로 쓰였어요.

---

01 도현이는 농장 체험을 하고 일기를 썼어요.
다음 설명을 보고, 밑줄 그은 낱말을 바르게 고쳐 쓰세요.

> 오늘은 가족과 함께 딸기 농장에 갔다.
>
> 나는 누나와 함께 딸기를 따서 바구니에 **①** <u>다마따.</u>
> 낱말을 올바른 모양으로 써 보세요.
>
> 내 바구니가 누나의 바구니보다 커서 딸기를 더 많이 **②** <u>남았다.</u>
> '물건을 그릇에 넣다.'라는 뜻의 낱말로 써 보세요.
>
> 나는 감사의 마음을 **③** <u>넣어</u> 딸기를 포장해서 할아버지께 드렸다.
> '생각이나 내용을 그림, 글 등으로 나타내다.'라는 뜻의 낱말로 써 보세요.

① [   ] **②** [   ] **③** [   ]

우리나라   1학년 1학기 | #태극기

태극기에 담긴 의미를 알아볼까요?

흰색 바탕은 평화의 의미를 담고 있어요. 그리고 검은색 무늬는 자연의 의미를 담고 있어요.

꼼꼼하게 이해하기 의 ②의 뜻으로 쓰였어요.

02 문장에 어울리는 낱말을 골라 V표를 하세요.

그림에 우리나라의 모습을 ☐ 넣어 ☐ 담아 보세요.

03 밑줄 그은 낱말과 뜻이 같은 낱말을 사용한 친구에 ○표 하세요.

전통 문양에 좋은 일이 있기를 바라는 소망을 <u>담았어요</u>.

밥그릇에 밥을 가득 <u>담았어요</u>.

친구에게 줄 선물에 정성을 <u>담았어요</u>.

 아래 낱말을 찾아 ○표를 하세요.

짓다	기울이다
세다	담다

1 　하늘나라에 견우와 직녀가 살았어요. 견우는 소를 잘 돌보았고, 직녀는 옷을 잘 ㉠ 지었어요. 견우와 직녀는 서로 좋아하는 사이였는데, 함께 놀러 다니며 점점 자기 일에 관심을 기울이지 않았어요.

2 　하늘을 다스리는 임금님은 화가 나서 견우와 직녀를 멀리 떨어져 살게 했어요. 두 사람이 사는 곳 사이에는 은하가 있어 만날 수 없었어요. 이 모습을 보고 까마귀와 까치가 일 년에 한 번 다리를 만들어 주기로 했어요.

3 　견우와 직녀는 까마귀와 까치가 만든 다리를 건너 만날 수 있었어요. 다리를 만든 까마귀와 까치의 수를 세어 보니, 그 수가 매우 많았어요. 이에 '까마귀와 까치가 만든 다리'라는 뜻을 담아, 다리의 이름을 '오작교'라고 지었어요.

🐨✏️ 낱말의 첫 자음자를 보고, 빈칸에 들어갈 알맞은 낱말을 쓰세요.

다리 이름을

ㅈ	

수를

ㅅ	

이야기를 이해해요

01

'오작교'에 담긴 뜻과 관련 있는 것에
모두 색칠하세요.

까치   견우

직녀   까마귀

02

㉠과 같은 뜻으로 사용한
낱말을 골라 보세요. (✏   )

❶ 캠핑을 가서 밥을 <u>지었어요</u>.

❷ 영화를 보고 슬픈 표정을 <u>지었어요</u>.

❸ 엄마를 생각하며 노랫말을 <u>지었어요</u>.

03

이 글에 대한 설명이 맞으면 ○표에, 틀리면 ✕표에 색칠하세요.

❶ 직녀는 옷을 잘 만들었어요.   ○ ✕

❷ 견우는 점점 자기 일에 관심을 가졌어요.   ○ ✕

❸ 견우와 직녀는 일 년 동안 여러 번 만날 수 있었어요.   ○ ✕

자신 있게 사용할 수 있는 서술어에 색칠하세요.

짓다   세다   쓰다   기울이다   담다

4주 활동을 안내하는 서술어

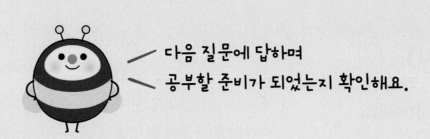

다음 질문에 답하며
공부할 준비가 되었는지 확인해요.

→ 예   → 아니요   ┄┄▶ 했어요

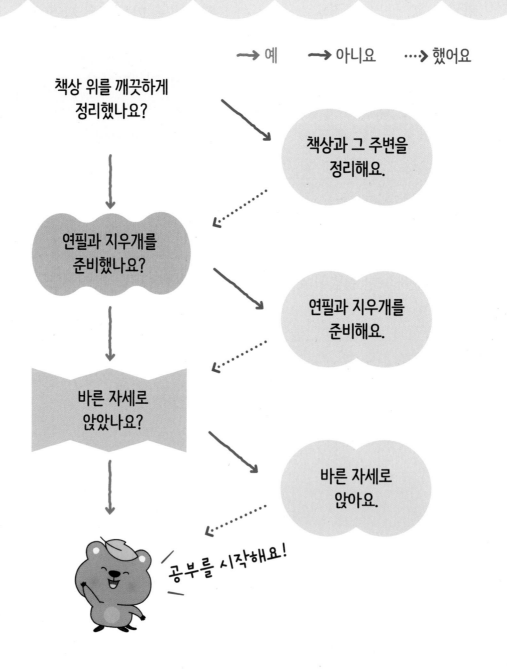

책상 위를 깨끗하게
정리했나요?

책상과 그 주변을
정리해요.

연필과 지우개를
준비했나요?

연필과 지우개를
준비해요.

바른 자세로
앉았나요?

바른 자세로
앉아요.

공부를 시작해요!

이번 주에는 무엇을 배울까요?

알고 있는 서술어에 색칠하세요.

알아보다

살펴보다

비교하다

나타내다

떠올리다

알아보다

국어

글자의 짜임을
알아봅시다.

수학

수를
알아봅시다.

탐험

약을 먹는 방법을
알아볼까요?

서술어를 익혀요

꼼꼼하게 이해하기

알아보다

① 모르는 것을 알려고 조사하거나 따져보다.
   예 요리하는 방법을 알아보다.

② 눈으로 보고 안다.
   예 어두워서 사람을 알아볼 수 없다.

무엇을(누구를)
┃
알아보다

교과서에서는 주로 ①의 뜻으로 쓰여요. '글자의 짜임을 알아봅시다.', '수를 알아봅시다.'와 같이 '알아보다' 앞에 공부할 내용이 나와요.

재미있게 연습하기

낱말 조각을 활용해 문장을 완성하세요.

| 친구 |
| 놀이 방법 |
| 알아보고 |
| 알아보자 |

놀이하기 전에
[   ] 을
[   ] .

길에서
[   ] 를
[   ] 인사했다.

85

교과서를 이해해요

 교과서에서 '알아보다'가 어떻게 쓰이는지 살펴보고, 문제를 풀어 보세요.

국어 1학년 1학기 | #자음자와 모음자 #글자의 짜임

글자의 짜임을 알아봅시다.

'자두'에서 자음자와
모음자의 위치를 알아보면,
자음자는 왼쪽과 위쪽에, 모음자는
오른쪽과 아래쪽에 있습니다.

수학 1학년 1학기 | #9까지의 수

수를 알아봅시다.

| 2 | 둘 | 이 |

지우개가 둘이면 '2'라고 쓰고,
'둘' 또는 '이'라고 읽습니다.

탐험 1학년 1학기 | #약 먹는 방법

약을 안전하게 먹는 방법을 알아볼까요?

언제 약을 먹어야 하는지
알아보고, 정해진
시간에 약을 먹어요.

한 번에 먹어야 하는
약의 양을 알아봐요.

86

01
아래의 자음자와 모음자
카드를 활용해 빈칸에
들어갈 글자를 쓰세요.

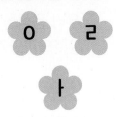

'포도'에서 자음자와 모음자의 위치를

보면, 자음자는 모두 위쪽에,

모음자는 모두 아래쪽에 있습니다.

02
빈칸에 똑같이 들어갈 낱말을
골라 V표를 하세요.

• 국어 시간에 여러 가지 낱말을 ⬚.
• 지난 시간에 숫자 1, 2, 3, 4, 5를 ⬚.

☐ 먹었어요　　　☐ 알아봤어요

03
약병에 적힌 내용을 보고
알아볼 수 있는 것을 골라
○표를 하세요.

식사하고 30분
뒤에 한 알을
먹어요.

약을 언제 먹는지
알아볼 수 있습니다.

약이 모두 몇 개인지
알아볼 수 있습니다.

살펴보다

국어	수학	우리나라
글자의 받침을 살펴봅시다.	여러 가지 모양을 살펴볼까요?	우리 음식을 살펴볼까요?

서술어를 익혀요

꼼꼼하게 이해하기

살펴보다

① 여기저기를 자세히 보다.

　　예 교실을 이리저리 살펴보다.

② 무언가를 찾거나 알아보다.

　　예 지도를 살펴보다.

무엇을
｜
살펴보다

교과서에서는 ①과 ②의 뜻으로 모두 사용돼요. 문장에서는 '글자의 받침을 살펴봅시다.', '여러 가지 모양을 살펴볼까요?'와 같이 '살펴보다' 앞에 주로 공부할 내용이 나와요.

재미있게 연습하기

빈칸에 들어갈 알맞은 낱말의 번호를 써넣어 문장을 완성하세요.

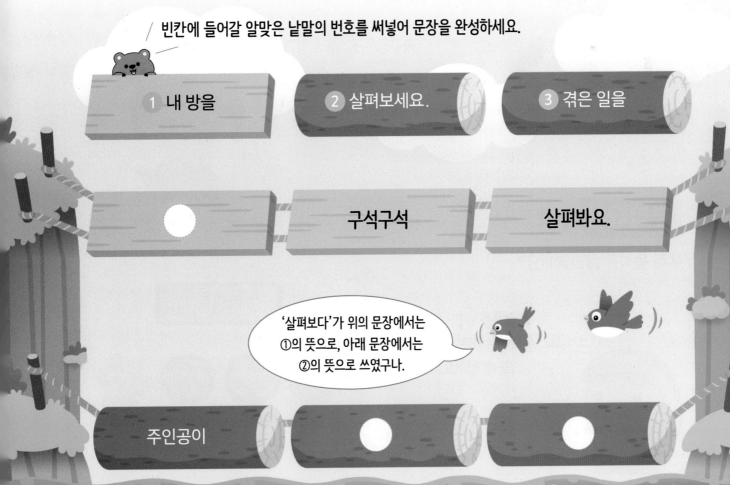

1 내 방을

2 살펴보세요.

3 겪은 일을

○　구석구석　살펴봐요.

'살펴보다'가 위의 문장에서는 ①의 뜻으로, 아래 문장에서는 ②의 뜻으로 쓰였구나.

주인공이　○　○

교과서를 이해해요

교과서에서 '살펴보다'가 어떻게 쓰이는지 살펴보고, 문제를 풀어 보세요.

국어   1학년 1학기 | #받침이 있는 글자

글자의 받침을 살펴봅시다.

> 두 글자를 살펴보면,
> '자'에 받침 'ㅁ'이 들어가
> '잠'이 되었습니다.

수학   1학년 1학기 | #여러 가지 모양

여러 가지 모양을 살펴볼까요?

> 축구공은 ⬤ 모양과
> 모양이 같습니다.

우리나라   1학년 1학기 | #우리 음식

우리 음식을 살펴볼까요?

> 차림표를 살펴보면,
> 우리 음식에는 어떤 것이 있는지
> 알 수 있어요.

차림표

| 비빔밥 | 삼계탕 | 불고기 | 냉면 |

90

01

글자 카드를 순서에 맞게 써넣어 빈칸에 들어갈 낱말을 완성하세요.

| 세 | 펴 | 요 | 살 | 보 |

글자의 모양을 ⬜.

02

밑줄 그은 낱말과 바꾸어 쓰기에 알맞은 낱말을 골라 ○표를 하세요.

그림에서 여러 가지 모양을 <u>살펴볼까요</u>?

물어볼까요   골라 볼까요

알아볼까요

03

안내문의 빈칸에 들어갈 낱말을 아래 낱말 카드에서 골라 쓰세요.

꾸미고

살펴보고

우리 옷 입어보기

고름을 매는 방법을

⬜

고름을 바르게 매요.

★ 공부한 날짜
월   일

비교하다

국어

두 글자를
비교해요.

수학

넣은 고리의 수를
비교해 봅시다.

케이크를
골라 볼까?

나는 둘 중 하나를
비교하고 고를 거야.

아직
고민 중이야?

모두 맛있어 보여.
두 개를 다 먹어보고
맛을 비교하면
안 될까?

서술어를 익혀요

꼼꼼하게 이해하기

비교하다

두 개 이상의 사물을 함께 보고 같은 점과 다른 점을 살펴보다.

예 옛날과 오늘날의 모습을 비교하다.

무엇과   무엇을

비교하다

교과서에서는 '비교하다'라는 낱말을 '같은 점과 다른 점을 살펴보다.'로 바꾸어 쓰기도 해요. '비교하다' 앞에 비교할 두 대상을 함께 써요.

재미있게 연습하기

구름에 적힌 낱말을 활용해 문장을 완성하세요.

키

모양

무늬

기린의 〔　　　〕를 비교해요.

얼룩말의 〔　　　〕를 비교해요.

토끼 귀의 〔　　　〕을 비교해요.

93

교과서를 이해해요

교과서에서 '비교하다'가 어떻게 쓰이는지 살펴보고, 문제를 풀어 보세요.

두 글자가 어떻게 다른지 말해 봅시다.

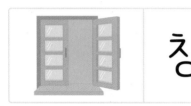

'차'와 '창'을 비교하면,
'차' 아래쪽에는
받침이 없어요.

01 밑줄 그은 내용과 바꾸어 쓸 수 있는 낱말을 골라 ○표를 하세요.

두 글자를 <u>함께 보고 같은 점과 다른 점을 살펴봐요.</u>

만들어요   비교해요

02 다음 그림을 보고, 알맞은 낱말을 골라 색칠하세요.

 곰

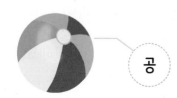 공

두 글자의 [받침을 | 크기를] 비교하면,
'곰'은 '고' 아래에 ㅁ 받침이, '공'은 '고' 아래에
ㅇ 받침이 있습니다.

수학 | 1학년 1학기 | #수의 크기 비교하기

넣은 고리의 수를 **비교해** 봅시다.

3   3   4

○와 ○를 비교하면, 고리의 수가 같습니다.
○와 ○를 비교하면, ○는 ○보다 많습니다.

---

03 펭귄들이 물고기를 잡았는데, 고민이 생겼어요.
펭귄의 질문에 알맞은 대답을 한 친구에게 V표를 하세요.

누가 물고기를 더 많이 잡았는지 어떻게 알 수 있을까요?

☐ 잡은 물고기를 서로 나눠요.

☐ 잡은 물고기의 수를 비교해요.

나타내다

국어

본 것을 그림으로 **나타내** 보세요.

탐험

탐험할 세상을 소리로 **나타내** 볼까요?

서술어를 익혀요

꼼꼼하게 이해하기

나타내다

생각이나 느낌 등을 드러내다.

㉠ 자연을 사랑하는 마음을 시로 나타내다.

㉠ 무용수는 자신의 감정을 춤으로 나타낸다.

교과서에서는 생각이나 느낌, 공부한 내용 등을 글이나 그림, 말로 표현하는 활동을 할 때 쓰여요. '본 것을 그림으로 나타내 보세요.'와 같이 무엇을, 어떻게 나타낼지를 함께 써요.

재미있게 연습하기 길을 따라 내려가며 만나는 낱말로 문장을 완성하세요.

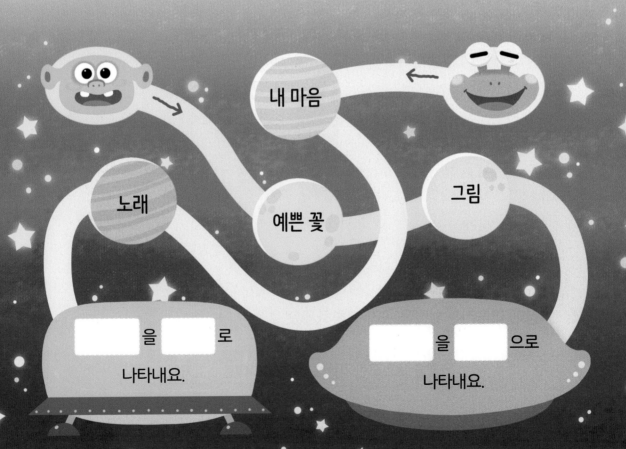

교과서를 이해해요

 교과서에서 '나타내다'가 어떻게 쓰이는지 살펴보고, 문제를 풀어 보세요.

국어   1학년 1학기 | #여러 가지 낱말

학교 가는 길에 본 것을 그림으로 **나타내** 보세요.

학교 가는 길에
빵집이 있어요.
내가 본 빵집을
그림으로 **나타냈어요.**

---

01   알맞은 낱말 카드를 골라 빈칸에 써넣어 문장을 완성하세요.

| 꽃집 |
| 문방구 |
| 그림 |
| 노래 |

내가 본 ⬚⬚⬚⬚ 을

⬚⬚⬚⬚ 으로

나타냈습니다.

---

02   문장에 어울리는 낱말을 골라 색칠하세요.

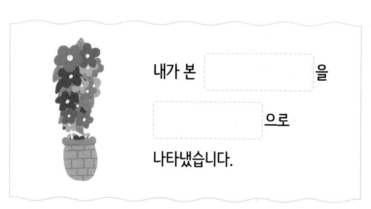

① 꽃을 보고 느낀 기분을 시로 [나타내요] [표시해요] .

② 나비가 나는 모습을 몸짓으로 [그려요] [나타내요] .

98

탐험 1학년 1학기 | #우주

탐험할 세상의 모습을 소리로 **나타내** 볼까요?

우주를 탐험하는 모습을 소리로 **나타내** 보자.

풍선의 바람을 빼서 우주선이 날아가는 소리를 **나타낼** 수 있어.

03 정아네 반에서 수업 시간에 우주를 공부하고 있어요.
다음 문장을 보고, 알맞은 행동을 한 친구에게 V표를 하세요.

우주의 모습을 몸짓으로 나타내 볼까요?

☐   ☐

종이를 오려 별을 나타냈어요.

손을 둥글게 하여 태양을 나타냈어요.

떠올리다

국어

인사한 경험을
떠올려 봅시다.

사람들

생각나는 사람을
떠올려 볼까요?

서술어를 익혀요

꼼꼼하게 이해하기

떠올리다

기억을 되살려 내거나 잘 나지 않던 생각을 나게 하다.

예 어릴 적에 살던 곳을 떠올리다.

예 좋은 생각이나 의견을 떠올려 보세요.

경험   생각

떠올리다

교과서에서는 '인사한 경험을 떠올려 봅시다.', '생각나는 사람을 떠올려 볼까요?'와 같이 경험이나 공부한 내용 등의 알고 있는 것을 생각해 내는 활동을 할 때 주로 써요.

재미있게 연습하기

빈칸에 알맞은 낱말을 써넣어 문장을 완성하세요.

친구를   한 일을   낱말을

어제 만난		떠올려요.
공부한		떠올려 볼까요?
방학 동안		떠올려 보세요.

교과서를 이해해요

교과서에서 '떠올리다'가 어떻게 쓰이는지 살펴보고, 문제를 풀어 보세요.

국어 1학년 1학기 | #인사말 #경험 나누기

인사한 경험을 **떠올려** 봅시다.

> 윗어른을 뵙고 인사 드린 일이 있었습니다.
>
> 안녕하세요?

---

01 윤진이네 반에서 인사말에 대해 공부하고 있어요.
선생님의 질문에 알맞게 대답한 친구에게 ○표를 하세요.

> 인사한 경험을
> 떠올려 볼까요?

> 친구와 헤어질 때
> '잘 가.'라고 인사해요.

> 어제 친구와 헤어지면서
> '잘 가.'라고 인사했어요.

사람들 1학년 1학기 | #사람 떠올리기

생각나는 사람을 떠올려 볼까요?

> 길을 잃었을 때 도와주신 경찰관을 떠올렸어요.

02 밑줄 그은 내용과 바꾸어 쓸 수 있는 낱말을 쓰세요.

> 누군가와 함께 있었던 일을 <u>기억하고 그 기억을 되살려 내다.</u>

03 편지의 빈칸에 들어갈 알맞은 낱말을 골라 색칠하세요.

경비원 아저씨께.

안녕하세요? 며칠 전에 아저씨께서

넘어진 저를 도와주신 일을 ⬚ .

그때 도와주셔서 고맙습니다.

떠올렸어요

상상했어요

 아래 낱말을 찾아 ○표를 하세요.

떠올리다   나타내다   살펴보다

비교하다   알아보다

1   옛날에 한 형제가 있었어요. 형은 어머니를 모시고 살고, 동생은 결혼해서 따로 살았어요. 형제는 함께 농사를 짓고, 벼를 ◆볏단으로 만들어 나누었어요.

2   형은 결혼하여 식구가 많은 동생에게 볏단을 주어야겠다는 생각을 떠올렸어요. 한편 동생은 어머니를 모시고 사는 형에게 고마운 마음을 나타내고 싶었어요. 형과 동생은 자기 볏단을 몰래 서로의 볏단 더미에 가져다 놓았지요.

3   다음 날, 형제는 자기 볏단 더미를 살펴보고 놀랐어요. 어제와 비교해 보니 볏단의 수가 그대로였기 때문이에요. 그날 밤, 형과 동생은 더 많은 볏단을 가지고 다시 서로의 볏단 더미로 갔어요. 그러다가 두 사람은 길에서 만나 서로를 ㉠ <u>알아봤어요.</u> 그제야 형제는 자기 볏단 더미가 그대로인 까닭을 알게 되었어요.

◆볏단 베어낸 벼를 묶은 것.

 낱말의 첫 자음자를 보고, 빈칸에 들어갈 알맞은 낱말을 쓰세요.

서로를

○			

.

볏단의 수를

ㅂ			

.

이야기를 이해해요

오늘 공부 끝! 조각을 잘라 111쪽에 붙이세요.

01

이 글에서 일이 일어난 순서대로
빈칸에 번호를 쓰세요.

☐ 형과 동생이 어제와 오늘의
벗단의 수를 비교했어요.

☐ 형과 동생이 벗단을 가지고
가다가 서로를 알아봤어요.

☐ 형과 동생은 서로에게 벗단을
주어야겠다는 생각을 떠올렸어요.

02

㉠과 같은 뜻으로 사용한 낱말을
골라 보세요. (   )

❶ 기차 시간을 <u>알아봤어요</u>.

❷ 수를 세는 방법을 <u>알아봤어요</u>.

❸ 놀이터에서 친구를 <u>알아봤어요</u>.

03

이 글의 중심 내용을 옳게 말한 친구의 이름을 써 보세요. (   )

형과 동생은
농사를 부지런히
지어 많은 벼를
거둘 수 있었어요.

서연

사이가 좋은
형과 동생은 자기 벗단을
서로에게 나누어 주며,
우애를 확인했어요.

지민

자신 있게 사용할 수 있는 서술어에 색칠하세요.

| 알아보다 | 살펴보다 | 비교하다 | 나타내다 | 떠올리다 |

1 - 3 뜻에 알맞은 낱말을 보기 에서 골라 쓰시오.

보기 　　　　　　넓다　　세다　　짧다

1 ☐☐ : 수를 헤아리다.

2 ☐☐ : 넓이나 너비가 크다.

3 ☐☐ : 물체의 양 끝이 서로 가깝다.

4 - 6 왼쪽 낱말과 뜻이 반대인 낱말을 골라 V표를 하시오.

4 많다　　○ 적다　　○ 좁다　　○ 꺼내다

5 더하다　　○ 높다　　○ 빼다　　○ 크다

6 모으다　　○ 가르다　　○ 당기다　　○ 무겁다

7 밑줄 그은 낱말의 뜻이 <u>다른</u> 것은?　　(✎　　　　)

❶ 겨울에 마스크를 <u>씁니다</u>.

❷ 글자를 쓸 때 또박또박 <u>씁니다</u>.

❸ 할아버지가 붓으로 한자를 <u>씁니다</u>.

8 - 10 다음 문장에 알맞은 낱말을 골라 ○표를 하시오.

8 7은 9보다 작습니다 적습니다 .

9 멀리서도 잘 보이게 글씨를 많게 크게 씁니다.

10 앞에 있는 사람과 사이가 좁으면 짧으면 부딪힐 수 있습니다.

11 빈칸에 들어갈 알맞은 낱말을 골라 선으로 이으시오.

고마운 마음을 편지로 _____. **❶** •

지우개와 연필의 길이를 _____. **❷** •

• **ㄱ** 나타냈다

• **ㄴ** 비교했다

12 빈칸에 똑같이 들어갈 수 있는 낱말을 골라 색칠하시오.

한옥은 흙과 나무로 _____. 한옥에는 이름이 있습니다. 이름은 집에 사는 동안 좋은 일이 있기를 바라는 뜻으로 _____.

| 씁니다 | 모읍니다 | 짓습니다 |

13 다음 초성을 보고, 빈칸에 들어갈 알맞은 낱말을 쓰시오.

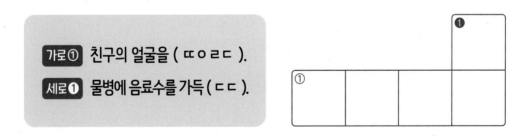

가로① 친구의 얼굴을 (ㄸㅇㄹㄷ).
세로❶ 물병에 음료수를 가득 (ㄷㄷ).

14 - 15 왼쪽 낱말을 넣어서 문장을 써 보시오.

14 가볍다 ✏ _____

15 기울이다 ✏ _____

스스로 평가하기 😊 잘함 😐 보통임 😞 부족함

1 - 3 왼쪽 뜻에 알맞은 낱말을 골라 V표를 하시오.

1 물체의 양 끝이 서로 멀다. ◯ 길다 ◯ 높다

2 개수나 양이 보통보다 더 있다. ◯ 많다 ◯ 크다

3 모르는 것을 알려고 조사하거나 따져보다. ◯ 나타내다 ◯ 알아보다

4 - 6 문장에 알맞은 낱말을 보기에서 골라 쓰시오.

보기   꺼내다   당기다   모으다

4 밧줄을 내 쪽으로 ☐☐☐.

5 서랍에서 여름에 입을 옷을 ☐☐☐.

6 동전이 생기면, 저금통에 동전을 ☐☐☐.

7 밑줄 그은 낱말의 뜻이 다른 것은? (🖊   )

❶ 요리에 정성을 <u>담습니다</u>.

❷ 노랫말에 내 생각을 <u>담습니다</u>.

❸ 시장바구니에 물건을 <u>담습니다</u>.

8 - 10 문장에 알맞은 낱말을 골라 ◯표를 하시오.

8 건널목이 길어서 짧아서 빨리 건널 수 있었어요.

9 바구니에서 사과 2개를 빼면 더하면 사과가 적어져요.

10 상자가 가벼워서 무거워서 혼자 상자를 옮길 수 없었어요.

11 빈칸에 똑같이 들어갈 수 있는 낱말을 골라 색칠하시오.

- 형이 나보다 기운이 [   ].
- 교실에 있는 학생의 수를 [   ].

| 셉니다 | 씁니다 | 가롭니다 |

12 빈칸에 들어갈 알맞은 낱말을 골라 선으로 이으시오.

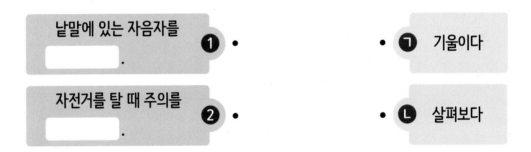

낱말에 있는 자음자를 [   ]. ❶ •   • ㄱ 기울이다

자전거를 탈 때 주의를 [   ]. ❷ •   • ㄴ 살펴보다

13 선을 따라 내려가 괄호 안에 들어갈 알맞은 낱말을 쓰시오.

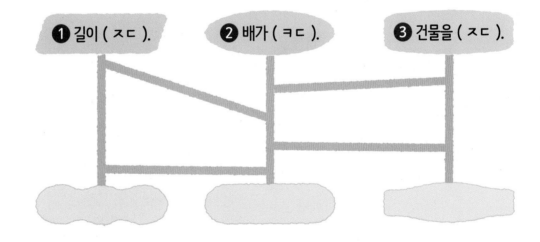

❶ 길이 (ㅈㄷ).   ❷ 배가 (ㅋㄷ).   ❸ 건물을 (ㅈㄷ).

14 - 15 왼쪽 낱말을 넣어서 문장을 써 보시오.

14 넣다 ✎ _____

15 비교하다 ✎ _____

다음에도 함께
공부하자.

공부로 이끄는 힘

완자

공부력

교과서 문해력 | 교과서가 술술 읽히는
서술어

|정답과 해설|

1A
1학년

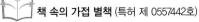
정답과 해설

QR코드

ABOVE IMAGINATION

우리는 남다른 상상과 혁신으로
교육 문화의 새로운 전형을 만들어
모든 이의 행복한 경험과 성장에 기여한다

공부로 이끄는 힘!

완자 공부력

교과서문해력
교과서가 술술 읽히는 서술어 1A

| 정답과 해설 |

정답과 해설을
함께 보며 실력을
탄탄하게 다져요.

많다 ↔ 적다

서술어를 익혀요

본문 13쪽

재미있게 연습하기

빈칸에 들어갈 알맞은 낱말의 번호를 써넣어 문장을 완성하세요.

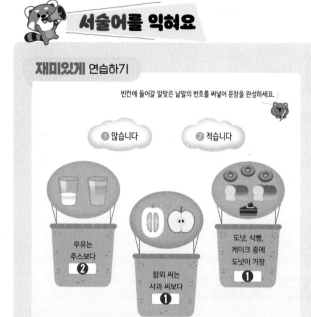

① 많습니다   ② 적습니다

우유는 주스보다 **②**

참외 씨는 사과 씨보다 **①**

도넛, 식빵, 케이크 중에 도넛이 가장 **①**

우유의 양은 주스의 양보다 적고, 참외 씨의 수는 사과 씨의 수보다 많아요. 도넛은 3개, 식빵은 2개, 케이크는 1개이므로 도넛, 식빵, 케이크 중에 도넛이 가장 많아요.

지도 TIP 👉 그림을 보며 개수나 양을 비교할 때 쓰는 표현을 이해할 수 있도록 지도해요.

교과서를 📖 이해해요

본문 14~15쪽

01 많습니다 적습니다

01 숟가락은 6개가 있고, 포크는 2개가 있어요. 따라서 숟가락은 포크보다 많아요.

02

02 설명을 보면, 노란색 꽃이 가장 많고, 파란색 꽃이 가장 적어요. 두 개의 꽃다발 중에 노란색 꽃이 가장 많고, 파란색 꽃이 가장 적은 꽃다발은 오른쪽 꽃다발이에요.

03 ① 많아 적어
    ② 많아 적어

03 왼쪽 그림의 친구들은 4명으로, 3명보다 1명이 더 많아요. 오른쪽 그림의 친구들은 2명으로, 3명보다 1명이 더 적어요.

2

크다 ↔ 작다

서술어를 익혀요

본문 17쪽

재미있게 연습하기

그림을 보고, 알맞은 낱말을 골라 ○표를 하세요.

치즈는 소시지보다

(큽니다.)   작습니다.

요구르트병은 물병보다

큽니다.   (작습니다.)

피망, 당근, 양배추 중에 양배추가 가장

(큽니다.)   작습니다.

치즈는 소시지보다 크고, 요구르트병은 물병보다 작아요. 피망, 당근, 양배추 중에 양배추가 가장 커요.

지도 TIP 👉 냉장고 안에 있는 물건들의 크기를 비교하며 크기를 비교할 때 쓰는 표현을 이해할 수 있도록 지도해요. 이때 '피망은 물병보다 작다.', '치즈는 요구르트병보다 크다.' 등으로 표현할 수도 있어요.

교과서를 이해해요

본문 18~19쪽

01 ❶ ((크고) 작고)

❷ (큽니다, (작습니다))

❸ ((큽니다), 작습니다)

02
7은 9보다
작습니다.

03

01 지구는 화성보다 크고, 목성보다 작아요. 지구, 화성, 목성 중에 목성이 가장 커요.

지도 TIP 👉 그림을 보고 지구, 화성, 목성의 크기를 비교하는 연습을 하고, 문장으로 표현해 보도록 지도해요.

02 4는 2보다 크고, 5는 8보다 작아요. 그리고 7은 9보다 작아요.

03 5보다 크고 7보다 작은 수는 6이에요. 3보다 크고 5보다 작은 수는 4예요.

3

모으다 ↔ 가르다

오늘 아이의 학습을 평가해 보세요.

공부한 서술어를 잘 이해했나요?

😦 —— 🙂 —— 😐 —— 🙂 —— 😄
부족함 　　　　 보통 　　　　 잘함

 **서술어를** 익혀요

본문 **21쪽**

재미있게 연습하기

낱말이 쓰인 사탕을 활용해 문장을 완성하세요.

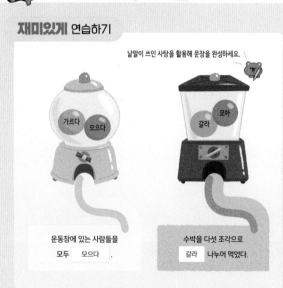

가르다　모으다

갈라　모아

운동장에 있는 사람들을
모두 | 모으다 | .

수박을 다섯 조각으로
| 갈라 | 나누어 먹었다.

첫 번째 문장은 운동장에 있는 사람들을 모두 합친다는 뜻이므로 빈칸에 '모으다'가 들어가는 것이 알맞아요. 두번째 문장은 수박을 다섯 조각으로 나누어 따로따로 되게 했다는 내용이므로 빈칸에 '갈라'가 들어가는 것이 알맞아요.

지도 TIP ☞ '모두'는 '모으다'와 '다섯조각으로', '나누다'는 '가르다'와 어울려요.

교과서를 🐻 이해해요

본문 **22~23쪽**

01

추석에 강강술래를 하려고
친구들을 모았습니다.

01 그림은 친구들이 모여 강강술래를 하는 모습을 표현하고 있어요.

지도 TIP ☞ 강강술래는 여럿이 모여서 하는 전통 놀이라는 점을 알려 주세요.

02 ❶ | 갈라 | 　 ❷ | 모아 |

02 ❶ 사람들을 두 편으로 나누어야 하므로 빈칸에 들어갈 낱말은 '갈라'가 알맞아요. ❷ 윷가락 4개를 합쳐서 던져야 하므로 빈칸에 들어갈 낱말은 '모아'가 알맞아요.

03

03 쿠키를 두 상자에 3개와 2개로 갈랐다고 했으므로, 한 상자는 쿠키를 3개만, 나머지 한 상자는 쿠키를 2개만 색칠해야 해요.

더하다 ↔ 빼다

서술어를 익혀요

본문 25쪽

재미있게 연습하기

말풍선을 보고, 알맞게 싼 여행 가방을 골라 ○표를 하세요.

여행 가방을 다시 싸야겠어.
바지 2개에 1개를 더하고,
모자 2개에서 1개를 빼고,
양말 2켤레에 1켤레를 더해야지.

바지 2개에 1개를 더하면 바지는 3개가 되고, 모자 2개에서 1개를 빼면 모자는 1개가 돼요. 양말 2켤레에 1켤레를 더하면 양말 3켤레가 돼요.

지도 TIP ☞ '더하다'와 '빼다'가 각각 '~에 ~을/를 더하다.', '~에서 ~을/를 빼다.'의 형태로 쓰인다는 것을 이해할 수 있도록 지도해요.

교과서를 이해해요

본문 26~27쪽

01 더하면

01 모음자 ㅗ가 모음자 ㅛ가 되었으므로 선을 하나 더해야 해요.

지도 TIP ☞ 모음자 ㅛ에서 선을 하나 빼면 모음자 ㅗ가 되는 것도 알려 주세요.

02 여 우 토 끼

02 ㅠ에서 선을 하나 빼서 만들 수 있는 모음자는 ㅜ이고, ㄷ에 선을 하나 더해서 만들 수 있는 자음자는 ㅌ이에요.

03 ☑

03 참외는 4개에서 2개를 빼서 2개이고, 사과는 3개에 2개를 더해서 5개예요.

지도 TIP ☞ 첫 번째 장바구니에는 참외 4개와 사과 3개가 있어요. 두 번째 장바구니에는 참외 6개와 사과 1개가 있어요.

밀다 ↔ 당기다

서술어를 익혀요

본문 **29쪽**

재미있게 연습하기

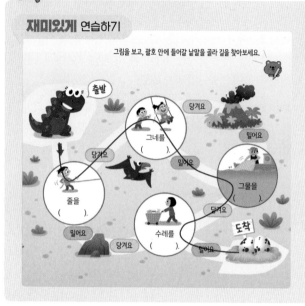

그림을 보고, 괄호 안에 들어갈 낱말을 골라 길을 찾아보세요.

그림에서 사물이 움직이는 방향을 살펴보면 괄호에 들어갈 낱말을 알 수 있어요. 사람 쪽으로 오는 줄과 그물은 '당기다'를 쓰고, 한 방향으로 움직이게 반대쪽에서 힘을 주는 그네와 수레는 '밀다'를 써요.

지도 TIP 👉 그림을 보며 '밀다'와 '당기다'를 쓰는 상황이 어떻게 다른지 이해할 수 있도록 지도해요.

교과서를 이해해요

본문 **30~31쪽**

01 ❶ 밀면 **당기면**

❷ **밀어서** 당겨서

02 ✔ 의자를 책상 쪽으로 당겨서 앉아요.

03
손을 맞대고 서로 밀어요.

손을 잡고 내 쪽으로 당겨요.

등을 맞대고 번갈아 밀어요.

01 ❶ 문장에 '내 쪽으로'라는 내용이 있으므로 '당기면'이 알맞아요. ❷ 문장에 '반대쪽으로'라는 내용이 있으므로 '밀어서'가 알맞아요.

02 그림은 의자를 책상 쪽으로 당겨서 앉은 모습을 나타내고 있어요.

03 손을 맞대고 서로 미는 동작은 두 번째 그림이고, 손을 잡고 한 쪽으로 당기는 동작은 세 번째 그림이에요. 그리고 등을 맞대고 번갈아 미는 동작은 첫 번째 그림이에요.

지도 TIP 👉 직접 동작을 해 보며 낱말의 뜻을 이해하게 할 수 있어요.

본문 32쪽

독해 Point 이 글은 지나치게 욕심을 부리면 가진 것을 잃을 수 있다는 교훈을 주는 글이에요. 농부가 욕심을 부려서 한 행동을 살펴보며 글을 읽어 보세요.

❶

옛날에 가난한 농부가 거위를 길렀어요. 어느 날 거위가 황금알을 낳았어요.
　　　　　등장인물　　　　　　　　　　　　　농부에게 생긴 일-이야기의 중심 사건
다음 날에도 황금알을 낳아, 어제 것과 더해 두 개가 되었어요. 다음 날도,

그다음 날에도 거위는 계속 황금알을 낳았어요.
→ 가난한 농부가 기르는 거위가 하루에 한 개씩 황금알을 낳았어요.

❷

농부는 거위가 낳은 황금알을 모았어요. 그리고 황금알들을 팔아 부자가
　　　　　　　　　　　　　　　　　　　　　　　　　농부가 부자가 된 까닭
되었어요. "지금 내가 사는 집은 작아. 더 좋은 집을 살 거야." 농부는 새집과

새 옷을 사며 돈을 썼어요. 농부는 돈을 더 가지고 싶었어요.
　　　　　　　　　　　　　　　　　　　욕심이 생김.
→ 황금알들을 팔아서 부자가 된 농부는 돈을 더 가지고 싶은 욕심이 생겼어요.

❸

"거위가 하루에 낳는 알이 적어. 거위의 배 속에는 황금알이 많을 거야." 농부는
　　　　　욕심이 생겨 고마운 마음을 잊음.　　　　　농부가 거위의 배를 열어야겠다고 생각한 까닭
도망가는 거위를 줄로 묶어 당겼어요. 그리고 거위의 배를 열었지만, 배 속에는

황금알이 하나도 없었어요. 거위가 죽자, 농부는 다시 가난해졌어요.
거위도 잃고 황금알도 더 이상 얻을 수 없게 됨.
→ 농부는 거위의 배를 갈랐지만 배 속에는 황금알이 없었고 농부는 다시 가난해졌어요.

오늘 아이의 학습을
평가해 보세요.

공부한 서술어를 잘 이해했나요?

부족함 ── ── 보통 ── ── 잘함

글의 내용을 잘 이해했나요?

부족함 ── ── 보통 ── ── 잘함

이야기를 이해해요

본문 33쪽

01
거위   농부
황금알

02 ❶ (모아서) 더해서
❷ 작다고 (적다고)
❸ 밀었어요 (당겼어요)

03 ❸

01 이 글은 농부와 황금알을 낳는 거위에 대한 이야기예요.

지도TIP 👉 글의 내용을 이해하기 위해 가장 중요한 낱말이 무엇인지 찾아보도록 지도해요.

02 ❶ 농부는 거위가 낳은 황금알을 모아서 팔았어요. ❷ 농부는 거위가 낳는 황금알의 양이 적다고 생각했어요. ❸ 농부는 거위를 잡으려고 거위를 줄로 묶어 당겼어요.

지도TIP 👉 '작다'와 '적다'처럼 뜻이 헷갈릴 수 있는 낱말에 이해하도록 지도해요.

03 농부가 욕심을 부려 거위의 배를 열었기 때문에 농부는 거위도 잃고, 황금알도 더 이상 얻을 수 없었어요.

낱말의 첫 자음자를 보고, 빈칸에 들어갈 알맞은 낱말을 쓰세요.

황금알의 수가 | 많 | 다 |

황금알을 | 모 | 으 | 다 |.

길다 ↔ 짧다

서술어를 익혀요

본문 37쪽

재미있게 연습하기

그림을 보고, 알맞은 낱말을 골라 ○표를 하세요.

자동차는 버스보다
길어요. **짧아요.**

자동차, 버스, 기차 중에 기차가 가장
길어요. 짧아요.

원숭이 꼬리는 여우 꼬리보다
길어요. 짧아요.

돼지, 원숭이, 여우 중에 돼지 꼬리가 가장
길어요. **짧아요.**

자동차는 버스보다 짧아요. 자동차, 버스, 기차 중에 기차가 가장 길어요. 원숭이 꼬리는 여우 꼬리보다 길어요. 돼지, 원숭이, 여우 중에 돼지 꼬리가 가장 짧아요.

지도 TIP 👉 그림을 보고 길이를 비교하면서 '길다'와 '짧다'의 의미를 이해할 수 있도록 지도해요.

교과서를 이해해요

본문 38~39쪽

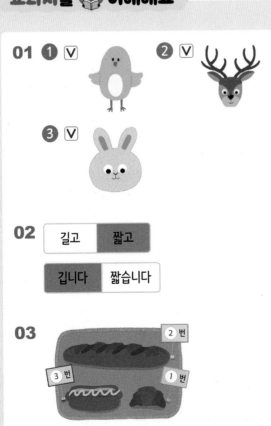

01 ❶ ☑   ❷ ☑   ❸ ☑

02 길고 **짧고**

깁니다 짧습니다

03 2번 / 3번 / 1번

01 홍학과 병아리 중에 다리가 짧은 동물은 병아리예요. 소와 사슴 중에 뿔이 긴 동물은 사슴이고, 토끼와 고양이 중에 귀가 긴 동물은 토끼예요.

지도 TIP 👉 쪽지에 적힌 동물의 특징 가운데 무엇이 길고 무엇이 짧은지를 살펴보도록 지도해요.

02 당근은 가지보다 더 짧고, 오이는 가지보다 더 길어요. 당근, 가지, 오이 중에서 당근이 가장 짧고 오이가 가장 길어요.

03 그림에 나타난 빵의 길이를 비교해요. 빵들 중에서 가장 짧은 빵을 고르고, 다음으로 가장 긴 빵을 골라요.

무겁다 ↔ 가볍다

 **서술어를 익혀요**

본문 41쪽

재미있게 연습하기

그림을 보고, 빈칸에 들어갈 알맞은 낱말을 선으로 이으세요.

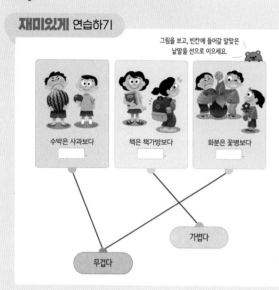

수박은 사과보다 □

책은 책가방보다 □

화분은 꽃병보다 □

가볍다

무겁다

수박은 사과보다 무겁고, 책은 책가방보다 가벼워요. 화분은 꽃병보다 무거워요.

지도TIP ☞ 두 물건 중 무엇이 더 무겁고 무엇이 더 가벼운지를 판단해 보고, 무게를 비교할 때는 '~보다'라는 표현을 쓰는 것을 이해할 수 있도록 지도해요.

 **교과서를 이해해요**

본문 42~43쪽

01

가벼워요

02 ❶ 무거워졌어
　　❷ 가벼워졌어

03 ❶ (무겁습니다, (가볍습니다)).
　　❷ ((무겁습니다), 가볍습니다).

01 밑줄 그은 '무게가 적게 나가요'와 바꾸어 쓸 수 있는 낱말은 '가벼워요'예요. '가볍다'는 무게가 적게 나간다는 뜻이에요.

지도TIP ☞ 밑줄 그은 내용이 '무게가 많이 나가요'였다면 바꾸어 쓸 수 있는 낱말은 '무거워요'가 돼요.

02 우주선에 날개를 더하면 무게가 더 나가고, 우주선에서 창문과 문을 빼면 무게가 덜 나가요.

03 풍선은 사과보다 더 가벼워요. 곰은 여우보다 더 무겁고, 여우는 다람쥐보다 더 무거우므로 곰, 여우, 다람쥐 중에 곰이 가장 무거워요.

넓다 ↔ 좁다

서술어를 익혀요

본문 45쪽

재미있게 연습하기

그림을 보고, 알맞은 낱말을 골라 ○표를 하세요.

책의 넓이는 책꽂이의 넓이보다
넓어요 좁아요 .

창문의 너비는 액자의 너비보다
넓어요 좁아요 .

책상, 스케치북, 필통 중에
책상의 넓이가 가장
넓어요 좁아요 .

책의 넓이가 책꽂이의 넓이보다 좁고, 창문의 너비가 액자의 너비보다 넓어요. 책상, 스케치북, 필통 중에 책상의 넓이가 가장 넓어요.

지도 TIP ☞ '넓다'와 '좁다'의 뜻을 구별하여 이해하면서 '넓이'와 '너비'가 어떻게 다른지도 함께 익힐 수 있도록 지도해요. 그리고 넓이나 너비를 비교할 때는 '~보다'라는 표현을 쓰는 것을 알 수 있도록 지도해요.

교과서를 이해해요

본문 46~47쪽

01

좁으면

02
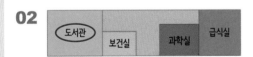
도서관 보건실 과학실 급식실

03

01 교실에서 책상과 책상 사이가 좁으면 친구가 지나갈 수 없어요. 급식실에서 줄을 설 때, 친구와의 사이가 좁으면 부딪힐 수 있어요.

02 학교 1층에서 가장 넓은 곳은 도서관이에요.

지도 TIP ☞ 안내도를 보면서 가장 좁은 장소를 찾아 보게 지도해요. 두 개의 장소를 비교하며 넓이를 비교하는 활동도 할 수 있어요.

03 고슴도치는 두 개의 동굴 중에 더 좁은 곳에 숨었고, 양은 두 개의 바위 중에 더 넓은 곳에 숨었어요. 고양이는 세 개의 상자 중에 가장 넓은 곳에 숨었어요.

높다 ↔ 낮다

서술어를 익혀요

본문 **49쪽**

재미있게 연습하기

그림을 보고, 괄호 안에서 알맞은 낱말을 골라 ○표를 하세요.

> ❶번과 ❷번 그림의 다른 점을 찾았어요.
> ❶번 그림의 산이 ❷번 그림의 산보다 (높아요, 낮아요).
> ❶번 그림의 집이 ❷번 그림의 집보다 (높아요, 낮아요).
> ❶번 그림의 나무가 ❷번 그림의 나무보다 (높아요, 낮아요).

❶번 그림의 산과 나무는 ❷번 그림의 산과 나무보다 높아요. ❶번 그림의 집은 ❷번 그림의 집보다 낮아요.

지도 TIP 👉 문제를 풀기 전에 먼저 두 그림의 다른 점을 찾는 활동을 할 수 있어요. 그리고 어떤 점이 다른지 말해 보며 자연스럽게 '높다'와 '낮다'의 뜻을 구별할 수 있게 안내해요. 그리고 높이를 비교할 때는 '~보다'라는 표현을 쓰는 것을 이해할 수 있도록 지도해요.

교과서를 이해해요

본문 **50~51쪽**

01 ☑

01 동작들 중에 손의 위치가 허리보다 낮은 것은 두 번째 동작이에요.

02 (높습니다, 낮습니다)

02 그림에서 한옥과 아파트의 높이를 비교해 보면, 한옥은 아파트보다 더 낮아요.

03 ❶ 지연   ❷ 서우

❸ 해인

03 가장 높게 쌓은 컵은 서우의 것이고, 가장 낮게 쌓은 컵은 지연이의 것이에요. 서우의 것보다 낮고, 지연이의 것보다 높은 것은 해인이의 것이에요.

넣다 ↔ 꺼내다

서술어를 익혀요

본문 53쪽

재미있게 연습하기

괄호 안에 들어갈 알맞은 낱말을 골라 길을 찾으세요.

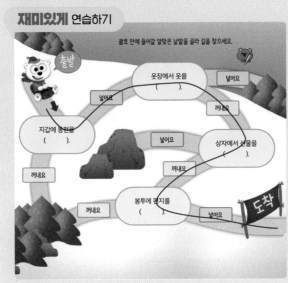

출발

옷장에서 옷을 ( ). 넣어요

넣어요

꺼내요

지갑에 동전을 ( ). 넣어요

상자에서 선물을 ( ).

꺼내요

꺼내요

봉투에 편지를 ( ). 넣어요

도착

'지갑에 동전을 넣어요.', '봉투에 편지를 넣어요.'라고 쓰고, '옷장에서 옷을 꺼내요.', '상자에서 선물을 꺼내요.'라고 써요.

지도 TIP 👉 예문을 보며 '넣다'는 '~에 ~을/를 넣다.'의 형태로 쓰이고, '꺼내다'는 '~에서 ~을/를 꺼내다.'의 형태로 쓰이는 점을 이해할 수 있도록 지도해요.

교과서를 이해해요

본문 54~55쪽

01
ㄱ ㅜ
ㄱ

ㅁ ㅜ
ㄴ

01 '구' 아래 빈칸에 자음자 ㄱ을 넣어야 그림에 해당하는 낱말인 '국'이 돼요. '무' 아래 빈칸에 자음자 ㄴ을 넣어야 그림에 해당하는 낱말인 '문'이 돼요.

지도 TIP 👉 '구' 아래 빈칸에 자음자 ㄹ을 넣으면 '굴'이 되고, '무' 아래 빈칸에 자음자 ㄹ을 넣으면 물이 돼요.

02
ㅂ ㅍ

넣습니다 꺼냅니다

02 글자 '입'을 만들려면 빈칸에 자음자 ㅂ을 넣어야 해요.

03 ① (꺼내요, (넣어요))
② ((꺼내요) 넣어요)
③ ((꺼내고) 넣고)
④ (꺼내요, (넣어요))

03 '신발장에 신고 온 신발을 넣어요.', '준비물 상자에서 준비물을 하나씩 꺼내요.', '사물함에서 수업 시간에 필요한 물건을 꺼내고, 필요하지 않은 물건은 사물함에 넣어요.'라고 써야 해요.

지도 TIP 👉 '신발장에'와 어울리는 낱말은 '넣다'이고, '신발장에서'와 어울리는 낱말은 '꺼내다'예요.

독해 Point 이 글은 상대방의 생김새나 성격이 나와 다르다는 것을 알고, 이를 배려해야 한다는 교훈을 주는 글이에요. 여우와 두루미가 서로를 배려하지 않고 한 행동이 무엇인지 파악하며 글을 읽어 보세요.

본문 56쪽

1

어느 날 여우가 두루미를 초대했어요. 여우는 두루미에게 음식을 주었는데,
　　　　　등장인물　　　등장인물

음식을 담은 그릇이 낮고 입구가 넓었어요. 여우는 음식을 맛있게 먹었지만,
　　　　　　　　여우가 평소에 편하게 사용하는 그릇의 모양

두루미는 음식을 먹지 못했어요. 두루미의 부리가 뾰족하고 길기 때문이었죠.
두루미가 사용할 수 없는 모양의 그릇에 음식을 담아 주었기 때문에

→ 여우가 두루미를 초대하고 두루미가 사용할 수 없는 모양의 그릇에 음식을 담아 주었어요.

2

다음 날 두루미도 여우를 자기 집에 초대했어요. 두루미도 여우에게 음식을

주었어요. 두루미가 음식을 담은 그릇은 입구가 좁고 길었어요. 두루미는 음식을
　　　　　　　　　　　　두루미가 평소에 편하게 사용하는 그릇의 모양

맛있게 먹었지만, 여우는 음식을 먹지 못했어요. 여우는 주둥이가 짧아서 음식이
　　　　　　　여우의 짧은 주둥이는 좁고 긴 그릇 입구에 들어가지 않기 때문에

담긴 그릇에 주둥이를 넣을 수 없었기 때문이에요.

→ 두루미도 여우를 자기 집에 초대하고 여우가 사용할 수 없는 모양의 그릇에 음식을 담아 주었어요.

3

결국 여우가 화를 냈어요. 두루미도 어제 일을 말하며 화를 냈지요. 친했던
자기에게 맞지 않는 그릇에 음식을 담아 주었기 때문에　　　　여우가 준 음식을 먹을 수 없었던 일

여우와 두루미는 크게 다투어 사이가 멀어졌어요.
　　　　　　　서로를 배려하지 않은 행동 때문에 결국 사이가 멀어짐.

→ 여우와 두루미는 자기만 생각하는 마음 때문에 크게 다투었어요.

오늘 아이의 학습을
평가해 보세요.

공부한 서술어를 잘 이해했나요?

부족함 —○— 보통 —○— 잘함

글의 내용을 잘 이해했나요?

부족함 —○— 보통 —○— 잘함

본문 57쪽

이야기를 이해해요

01 ✔

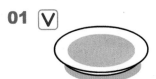

02
❶ | 짧 | 아 | 요 |

❷ | 길 | 어 | 요 |

03 ❸

01 여우가 사용한 그릇은 낮고 입구가 넓었어요.

지도TIP☞ 여우가 사용한 그릇과 반대로, 두루미가 사용한 그릇은 입구가 좁고 길었어요.

02 여우는 주둥이가 넓적하고 짧아요. 두루미는 부리가 뾰족하고 길어요.

03 여우와 두루미는 자기만 편하게 사용할 수 있는 그릇에 음식을 내왔어요. 상대방을 생각하지 않는 마음 때문에 여우와 두루미는 크게 다투었어요.

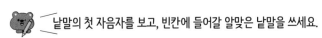

낱말의 첫 자음자를 보고, 빈칸에 들어갈 알맞은 낱말을 쓰세요.

부리가 | ㄱ 길 | 다 |

입구가 | ㅈ 좁 | 다 |

 **서술어를 익혀요**

본문 **61쪽**

재미있게 연습하기

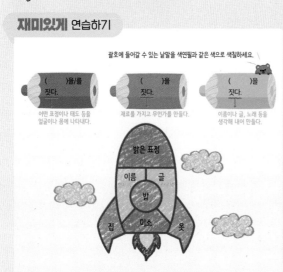

괄호에 들어갈 수 있는 낱말을 색연필과 같은 색으로 색칠하세요.

( )을/를 짓다.
어떤 표정이나 태도 등을 얼굴이나 몸에 나타낸다.

( )을 짓다.
재료를 가지고 무언가를 만든다.

( )을 짓다.
이름이나 글, 노래 등을 생각해 내어 만든다.

밝은 표정
이름   글
밥
집   미소   옷

'짓다'가 어떤 표정이나 태도 등을 얼굴이나 몸에 나타낸다는 뜻으로 쓰일 때는 '밝은 표정', '미소'가 어울려요. 재료를 가지고 무언가를 만든다는 뜻에는 '밥', '집', '옷'이 어울리고, 이름이나 글, 노래 등을 생각해 내어 만든다는 뜻에는 '이름', '글'이 어울려요.

지도 TIP ☞ '짓다'의 여러 가지 뜻을 이해하고 뜻에 어울리는 낱말을 사용해 문장을 만들어 보는 연습을 할 수 있도록 지도해요.

교과서를 🐻 이해해요

본문 62~63쪽

01

☑ 꽃을 보고 시를 <u>지어요</u>.

☑ 좋아하는 장난감의 별명을 <u>지어요</u>.

01 '친구와 놀며 웃음을 지었어요.'에서 '짓다'는 어떤 표정이나 태도 등을 얼굴이나 몸에 나타낸다는 뜻으로 쓰였어요.

02

지었어요

02 빈칸에 똑같이 들어갈 수 있는 낱말은 '지었어요'예요. 첫 번째 빈칸에서 '짓다'는 이름이나 글, 노래 등을 생각해 내어 만든다는 뜻이고, 두 번째 빈칸에서 '짓다'는 어떤 표정이나 태도 등을 얼굴이나 몸에 나타낸다는 뜻이에요.

03

한옥은 나무와 돌로 <u>짓습니다</u>.

가마솥에 밥을 짓습니다.

부채를 만들고 이름을 <u>짓습니다</u>.

03 '한옥은 나무와 돌로 짓습니다.'와 '가마솥에 밥을 짓습니다.'에서 '짓다'는 재료를 가지고 무엇을 만든다는 뜻이에요. '부채를 만들고 이름을 짓습니다.'에서 '짓다'는 이름이나 글, 노래 등을 생각해 내어 만든다는 뜻이에요.

세다

재미있게 연습하기

본문 65쪽

밑줄 그은 낱말의 알맞은 뜻을 선으로 이으세요.

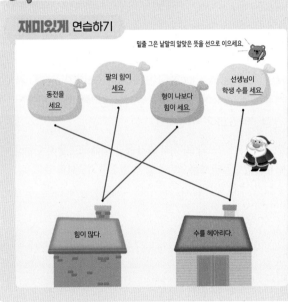

동전을 세요.

팔의 힘이 세요.

형이 나보다 힘이 세요.

선생님이 학생 수를 세요.

힘이 많다.

수를 헤아리다.

'동전을 세요.'와 '선생님이 학생 수를 세요.'에서 '세다'는 수를 헤아린다는 뜻이고, '팔의 힘이 세요.'와 '형이 나보다 힘이 세요.'에서 '세다'는 힘이 많다는 뜻이에요.

지도 TIP ☞ '세다'의 여러 가지 뜻을 이해하고 뜻에 어울리는 문장을 찾는 연습을 할 수 있도록 지도해요.

교과서를 📖 이해해요

본문 66~67쪽

01 | 세면 | 그리면 |

| 2 | 3 |

02 　수를 헤아리다.

03 ㉠ ❶ 세요

㉡ ❶ 세요

㉢ ❷ 세요

01 바구니 안에 있는 토마토를 세면 모두 3개예요.

　지도 TIP ☞ 바구니 안에 있는 피망을 세면 모두 3개이고, 가지를 세면 모두 2개예요.

02 '이어 세다.'는 수를 앞에서부터 헤아린다는 뜻이고, '거꾸로 세다.'는 수를 뒤에서부터 헤아린다는 뜻이에요.

03 ㉠과 ㉡에서 '세다'는 힘이 많다는 뜻이고, ㉢에서 '세다'는 수를 헤아린다는 뜻이에요.

쓰다

서술어를 익혀요

본문 69쪽

재미있게 연습하기

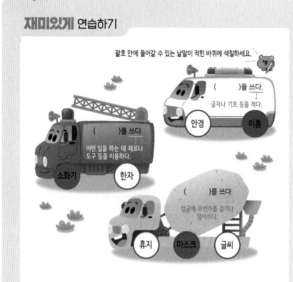

괄호 안에 들어갈 수 있는 낱말이 적힌 바퀴에 색칠하세요.

( )을 쓰다.
글자나 기호 등을 적다.
안경 이름

( )를 쓰다.
어떤 일을 하는 데 재료나 도구 등을 이용하다.
소화기 한자

( )를 쓰다.
얼굴에 무언가를 걸거나 덮어쓰다.
휴지 마스크 글씨

'쓰다'가 글자나 기호 등을 적는다는 뜻으로 쓰일 때는 '한자', '이름', '글씨'가 어울려요. 어떤 일을 하는 데 재료나 도구 등을 이용한다는 뜻에는 '소화기', '휴지'가 어울리고, 얼굴에 무언가를 걸거나 덮어쓴다는 뜻에는 '안경', '마스크'가 어울려요.

지도 TIP 👉 '쓰다'의 여러 가지 뜻을 이해하고 뜻에 어울리는 문장을 만들어 보는 연습을 할 수 있도록 지도해요.

교과서를 이해해요

본문 70~71쪽

01

| 물음표 | 씁니다 |

01 묻는 문장의 끝에는 물음표를 써요. 이때 '쓰다'는 글자나 기호 등을 적는다는 뜻이에요.

02

☑ 교과서에 내 이름을 씁니다.

02 제시된 문장에서 '쓰다'는 글자나 기호 등을 적는다는 뜻이에요. 같은 뜻으로 쓰인 것은 '교과서에 내 이름을 씁니다.'의 '쓰다'예요. '그림을 그릴 때 색연필을 씁니다.'에서 '쓰다'는 어떤 일을 하는 데 재료나 도구 등을 이용한다는 뜻이에요.

03

지진이 나면
건물 안이 깜깜하면 손전등을 써서 길을 찾아요.

연기가 나면
숨수건을 얼굴에 쓰거나 손수건으로 코와 입을 막아요.

비행기에서 사고가 나면
천장에서 내려오는 산소마스크를 쓰고 구명조끼를 입어요.

03 '손전등을 써서 길을 찾아요.'에서 '쓰다'는 어떤 일을 하는 데 재료나 도구 등을 이용한다는 뜻이에요. '숨수건을 얼굴에 쓰다.'와 '산소마스크를 쓰다.'에서 '쓰다'는 얼굴에 무언가를 걸거나 덮어쓴다는 뜻이에요.

기울이다

서술어를 익혀요

본문 73쪽

재미있게 연습하기

밑줄 그은 낱말의 알맞은 뜻을 선으로 이으세요.

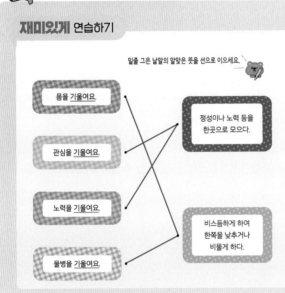

몸을 기울여요.

관심을 기울여요.

노력을 기울여요.

물병을 기울여요.

정성이나 노력 등을 한곳으로 모으다.

비스듬하게 하여 한쪽을 낮추거나 비뚤게 하다.

'몸을 기울여요.'와 '물병을 기울여요.'에서 '기울이다'는 비스듬하게 하여 한쪽을 낮추거나 비뚤게 한다는 뜻이에요. '관심을 기울여요.'와 '노력을 기울여요.'에서 '기울이다'는 정성이나 노력 등을 한곳으로 모은다는 뜻이에요.

지도 TIP ☞ '기울이다'의 여러 가지 뜻을 이해하고 문장에서 '기울이다'가 어떤 뜻으로 쓰였는지 찾아보는 연습을 할 수 있도록 지도해요.

교과서를 이해해요

본문 74~75쪽

01

정성이나 노력 등을 한곳으로 모으다.

02

기울여요

03 ❸ ❶ ❷

01 '줄넘기를 잘하려고 온갖 노력을 기울였어요.'에서 '기울이다'는 정성이나 노력 등을 한곳으로 모은다는 뜻으로 쓰였어요.

02 빈칸에 똑같이 들어갈 수 있는 낱말은 '기울여요'예요. '편지를 쓸 때 정성을 기울여요.'와 '아름다운 자연을 지키는 일에 관심을 기울여요.'에서 '기울이다'는 정성이나 노력 등을 한곳으로 모은다는 뜻이에요. 그리고 '컵에 물을 따르려고 물병을 기울여요.'에서 '기울이다'는 비스듬하게 하여 한쪽을 낮추거나 비뚤게 한다는 뜻이에요.

03 ❶번 그림은 어깨를 한쪽으로 기울이고 손을 뻗은 모습이에요. ❷번 그림은 주의를 기울이지 않아 다친 모습이고, ❸번 그림은 고개를 한쪽으로 기울인 모습이에요.

담다

서술어를 익혀요

본문 77쪽

재미있게 연습하기

밑줄 그은 낱말의 뜻과 같은 뜻으로 사용한 곰의 번호를 쓰세요.

화분에 흙을 담아요. ② ③

편지에 마음을 담아요. ① ④

동화에 교훈을 담아요. ①

접시에 반찬을 담아요. ②

항아리에 꿀을 담아요. ③

이야기에 생각을 담아요. ④

'화분에 흙을 담아요.'에서 '담다'는 물건을 그릇에 넣는다는 뜻으로, ②번과 ③번 문장의 '담다'와 뜻이 같아요. '편지에 마음을 담아요.'에서 '담다'는 생각이나 내용을 그림, 글 등으로 나타낸다는 뜻으로, ①번과 ④번 문장의 '담다'와 뜻이 같아요.

지도 TIP 👉 '담다'의 여러 가지 뜻을 이해하고 문장에서 '담다'가 어떤 뜻으로 쓰였는지 구분할 수 있도록 지도해요.

교과서를 이해해요

본문 78~79쪽

01
① 담았다
② 담았다
③ 담아

02 ☑ 담아

03
친구에게 줄 선물에 정성을 담았어요.

01 ① '담다'는 [담ː따]로 소리가 나요. 따라서 글자로 쓸 때는 소리 나는 대로 쓰지 않도록 해요. ② 물건을 그릇에 넣는다는 뜻의 낱말은 '담다'이므로 '담았다'로 고쳐 써야 해요. ③ 생각이나 내용을 그림, 글 등으로 나타낸다는 뜻의 낱말은 '담다'이므로 '담아'로 고쳐 써야 해요. '남다'는 전체 중에서 나머지가 있다는 뜻이에요.

02 '그림에 우리나라의 모습을 담아 보세요.'에서 '담다'는 생각이나 내용을 그림, 글 등으로 나타낸다는 뜻이에요.

03 '전통 문양에 좋은 일이 있기를 바라는 마음을 담았어요.'에서 '담다'는 생각이나 내용을 그림, 글 등으로 나타낸다는 뜻이에요. '담다'를 같은 뜻으로 쓴 문장은 '친구에게 줄 선물에 정성을 담았어요.' 예요.

독해 Point 칠월칠석(음력 7월 7일)과 관련한 옛이야기예요. 글을 읽으며 '오작교'의 유래가 무엇인지 이해할 수 있도록 해요. 그리고 공부한 낱말의 쓰임을 파악하며 글을 읽어요.

본문 80쪽

1

하늘나라에 견우와 직녀가 살았어요. 견우는 소를 잘 돌보았고, 직녀는
　　　　　　　등장인물　　　　　　　　　　　　　　　　　　견우와 직녀가 잘하는 일

옷을 잘 지었어요. 견우와 직녀는 서로 좋아하는 사이였는데, 함께 놀러
　　　　　　　　　　　　　　　　　　　　　　　　　　　　　　견우와 직녀가

다니며 점점 자기 일에 관심을 기울이지 않았어요.
자기 일에 관심을 기울이지 않은 까닭

→ 견우와 직녀는 서로 좋아하는 사이였는데, 함께 놀러 다니며 자기 일을 열심히 하지 않았어요.

2

하늘을 다스리는 임금님은 화가 나서 견우와 직녀를 멀리 떨어져 살게 했어요.
　　　　　　　　등장인물　　　견우와 직녀가 맡은 일을 제대로 하지 않고 놀러 다니기만 해서

두 사람이 사는 곳 사이에는 은하가 있어 만날 수 없었어요. 이 모습을 보고

까마귀와 까치가 일 년에 한 번 다리를 만들어 주기로 했어요.
　　　　　　　견우와 직녀가 다리를 밟고 은하를 건너 서로 만날 수 있게 해 주려고

→ 두 사람이 임금님의 벌을 받아 떨어져 살게 되자, 까마귀와 까치가 두 사람을 위해 다리를 만들어 주기로 했어요.

3

견우와 직녀는 까마귀와 까치가 만든 다리를 건너 만날 수 있었어요. 다리를

만든 까마귀와 까치의 수를 세어 보니, 그 수가 매우 많았어요. 이에 '까마귀와

까치가 만든 다리'라는 뜻을 담아, 다리의 이름을 '오작교'라고 지었어요.
　　　　'오작교'의 뜻

→ 견우와 직녀는 까마귀와 까치가 만든 다리를 건너 만났고, 이 다리의 이름을 '오작교'라고 지었어요.

오늘 아이의 학습을
평가해 보세요.

공부한 서술어를 잘 이해했나요?

부족함 ── 보통 ── 잘함

글의 내용을 잘 이해했나요?

부족함 ── 보통 ── 잘함

이야기를 이해해요

본문 81쪽

01

까치   까마귀

02 ❶

03 ❶ ○ ×
 ❷ ○ ×
 ❸ ○ ×

01 '오작교'는 까마귀와 까치가 만든 다리라는 뜻을 담고 있어요.

02 ㉠은 재료를 가지고 무엇을 만든다는 뜻이에요. ❷ 문장에서 '짓다'는 어떤 표정이나 태도 등을 얼굴이나 몸에 나타낸다는 뜻이고, ❸ 문장에서 '짓다'는 이름이나 글, 노래 등을 생각해 내어 만든다는 뜻이에요.

03 ❷ 견우는 직녀와 놀러 다니며 점점 자기 일에 관심을 기울이지 않았어요. ❸ 까마귀와 까치가 일 년에 한 번 다리를 만들어 주었기 때문에 견우와 직녀는 일 년 동안 한 번만 만날 수 있어요.

낱말의 첫 자음자를 보고, 빈칸에 들어갈 알맞은 낱말을 쓰세요.

다리 이름을

ㅈ
짓 다

수를

ㅅ
세 다 .

22

알아보다

서술어를 익혀요

본문 85쪽

재미있게 연습하기

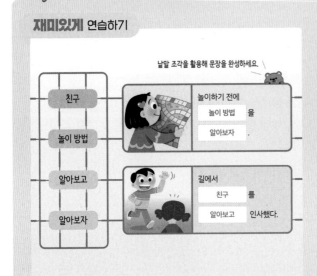

낱말 조각을 활용해 문장을 완성하세요.

친구

놀이 방법

알아보고

알아보자

놀이하기 전에
놀이 방법 을
알아보자 .

길에서
친구 를
알아보고 인사했다.

첫 번째 문장에서 '알아보다'는 모르는 것을 알려고 조사하거나 따져본다는 뜻이에요. 두 번째 문장에서 '알아보다'는 눈으로 보고 안다는 뜻이에요.

지도 TIP 👉 문장을 보며 알아보는 대상에 따라 뜻이 달라지는 점을 이해할 수 있도록 지도해요.

교과서를 이해해요

본문 86~87쪽

01 알 아

02 ☑ 알아봤어요

03 약을 언제 먹는지 알아볼 수 있습니다.

01 제시한 자음자와 모음자 카드를 활용해 문장의 빈칸에 들어갈 글자를 쓰면, '알아'예요. 문장에서 '알아보다'는 모르는 것을 알려고 조사하거나 따져본다는 뜻이에요.

02 낱말과 숫자를 알려고 조사하거나 따져보았다는 내용이므로 두 문장에 똑같이 들어갈 수 있는 낱말은 '알아봤어요'예요.

03 약병에 적힌 내용으로 약을 언제 먹어야 하는지 알아볼 수 있어요. 약이 모두 몇 개인지는 알아볼 수 없어요.

지도 TIP 👉 약병에 적힌 내용을 보고, 더 알아볼 수 있는 내용이 있는지 찾아볼 수 있어요. 내용을 보면 약을 언제 먹어야 하는지와 한 번에 얼마나 먹어야 하는지 알 수 있어요.

살펴보다

서술어를 익혀요

본문 89쪽

재미있게 연습하기

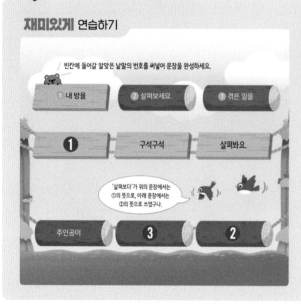

빈칸에 들어갈 알맞은 낱말의 번호를 써넣어 문장을 완성하세요.

1 내 방을   2 살펴보세요.   3 겪은 일을

❶   구석구석   살펴봐요.

'살펴보다'가 위의 문장에서는
①의 뜻으로, 아래 문장에서는
②의 뜻으로 쓰였구나.

주인공이   3   2

첫 번째 문장에서 '살펴보다'는 여기저기를 자세히 본다는 뜻이에요. 두 번째 문장에서 '살펴보다'는 무언가를 찾거나 알아본다는 뜻이에요.

지도 TIP ☞ 낱말을 순서대로 나열하여 문장을 완성한 다음, 문장에서 '살펴보다'가 어떤 의미로 쓰였는지 이해할 수 있도록 지도해요.

교과서를 이해해요

본문 90~91쪽

01

살	펴	보	세	요

02

알아볼까요

03

살펴보고

01 글자 카드를 순서에 맞게 써넣어 문장을 완성하면 '글자의 모양을 살펴보세요.'가 돼요.

02 '살펴보다'는 무언가를 찾거나 알아본다는 뜻이므로 '알아보다'와 바꾸어 쓸 수 있어요.

03 빈칸에는 '살펴보고'가 들어가는 것이 어울려요. 이때 '살펴보다'는 무언가를 찾거나 알아본다는 뜻이에요.

18 일차

비교하다

서술어를 익혀요

본문 93쪽

재미있게 연습하기

구름에 적힌 낱말을 활용해 문장을 완성하세요.

| 키 | 모양 | 무늬 |

기린의 [키] 를 비교해요.

토끼 귀의 [모양] 을 비교해요.

얼룩말의 [무늬] 를 비교해요.

그림을 보면 비교하는 내용이 무엇인지 알 수 있어요. 기린들을 비교하려는 내용은 '키'이고, 토끼들을 비교하려는 내용은 '귀의 모양'이에요. 그리고 얼룩말들을 비교하려는 내용은 '무늬'예요.

교과서를 이해해요

본문 94~95쪽

01 (비교해요)

02 [받침을] [크기를]

03 [V]

잡은 물고기의 수를 비교해요.

01 '비교하다'는 두 개 이상의 사물을 함께 보고 같은 점과 다른 점을 살펴본다는 뜻이에요. 따라서 밑줄 그은 내용과 바꾸어 쓸 수 있는 낱말은 '비교해요'예요.

02 '곰'과 '공'은 받침에 따라 모양과 뜻이 달라진 글자예요. '곰'은 '고' 아래에 ㅁ 받침이 있고, '공'은 '고' 아래에 ㅇ 받침이 있어요.

지도TIP 👉 받침에 따라 글자의 모양과 뜻이 달라져요. 받침을 비교하면 글자에 들어가는 자음자를 확인할 수 있어요.

03 두 펭귄 중에 어떤 펭귄이 더 많은 물고기를 잡았는지 알려면 두 펭귄이 각각 잡은 물고기의 수를 비교해야 해요.

나타내다

 **서술어를 익혀요**

본문 97쪽

재미있게 연습하기

길을 따라 내려가며 만나는 낱말로 문장을 완성하세요.

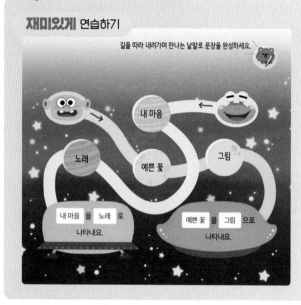

내 마음 을 노래 로
나타내요.

예쁜 꽃 을 그림 으로
나타내요.

'내 마음을 노래로 나타내요.'와 '예쁜 꽃을 그림으로 나타내요.'에서 '나타내다'는 생각이나 느낌 등을 드러낸다는 뜻이에요.

지도 TIP 👉 길을 따라 내려가며 만나는 낱말로 문장을 완성한 다음, 문장에서 '나타내다'가 '~을 ~(으)로 나타내다.'의 형태로 쓰인다는 것을 이해할 수 있도록 지도해요.

교과서를 이해해요

본문 98~99쪽

01

꽃집

그림

01 제시된 그림과 문장은 꽃집의 모습을 그림으로 나타냈다는 내용이에요.

지도 TIP 👉 무엇을 나타냈는지, 어떻게 나타냈는지를 생각하며 제시된 낱말 카드를 빈칸에 넣어 문장을 완성해 보도록 지도해요.

02 ❶ **나타내요** 표시해요
❷ 그려요 **나타내요**

02 기분을 글로 드러낼 때나 어떤 모습을 몸짓으로 드러낼 때는 '나타내다'를 사용해요.

03 ☑

손을 둥글게 하여
태양을 나타냈어요.

03 제시된 문장에서 우주의 모습을 몸짓으로 나타내 보자고 했으므로, 몸을 움직여 동작으로 표현한 오른쪽 친구의 모습이 알맞아요. 종이를 오려 별을 나타낸 것은 우주의 모습을 만들기로 나타낸 것이에요.

지도 TIP 👉 '몸짓'은 몸을 놀리는 모양을 말해요. 몸짓으로 나타내는 것은 몸을 움직여 동작으로 표현하는 것이에요.

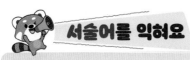
서술어를 익혀요

본문 101쪽

재미있게 연습하기

빈칸에 알맞은 낱말을 써넣어 문장을 완성하세요.

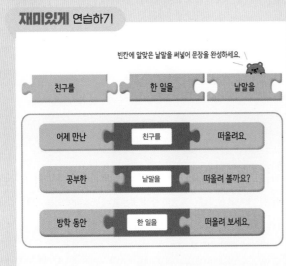

| 친구를 | 한 일을 | 낱말을 |

어제 만난	친구를	떠올려요.
공부한	낱말을	떠올려 볼까요?
방학 동안	한 일을	떠올려 보세요.

빈칸 앞의 내용을 보면 빈칸에 들어갈 내용을 알 수 있어요. 어제 만난 친구를 떠올리는 것이고, 공부한 낱말을 떠올려 보는 것이고, 방학 동안에 한 일을 떠올려 보는 것이에요.

지도 TIP ☞ '어제 만난', '공부한', '방학 동안'과 각각 어울리는 낱말이 무엇인지 생각하여 문장을 완성해요. 문장에서 '떠올리다' 앞에 떠올리는 대상을 쓴다는 것을 이해할 수 있도록 지도해요.

교과서를 이해해요

본문 102~103쪽

01

어제 친구와 헤어지면서 '잘 가.'라고 인사했어요.

02

| 떠 | 올 | 리 | 다 |

03

떠올렸어요

01 경험을 떠올려 보는 활동이므로 실제로 겪은 일에 대한 기억을 되살려 내어 이야기해야 해요. '친구와 헤어질 때 '잘 가.'라고 인사해요.'는 경험을 말한 것이 아니라 언제 어떤 인사를 해야 하는지 설명한 내용이에요.

02 어떤 일을 기억하고 그 기억을 되살려 낸다는 내용과 바꾸어 쓸 수 있는 낱말은 '떠올리다'예요.

03 경비원 아저씨께서 도와주신 일은 실제로 경험한 사실이므로 빈칸에는 '떠올렸어요'가 들어가야 해요. '상상하다'는 경험하지 않은 일을 생각한다는 뜻이에요.

독해 Point 이 글은 사이 좋은 형제가 서로의 사정을 헤아려 몰래 볏단을 가져다 놓는 행동을 통해 형제의 깊은 우애를 알 수 있는 글이에요. 형과 아우가 서로의 마음을 확인하는 과정을 이해하며 글을 읽을 수 있도록 해요.

본문 104쪽

1

　옛날에 한 형제가 있었어요. 형은 어머니를 모시고 살고, 동생은 결혼해서 따로
　　　　　　　　　　　　　형의 사정-어머니를 모시고 살았음 / 동생의 사정-결혼을 해서 돌봐야 하는 가족이 있음.

살았어요. 형제는 함께 농사를 짓고, 벼를 볏단으로 만들어 나누었어요.
　　　　　　　　　　　　　　　　　　　　베어 낸 벼를 묶은 것.

→ 사이 좋은 형제가 부지런히 농사지어 많은 벼를 거두었고, 볏단을 서로 똑같이 나누었어요.

2

　형은 결혼하여 식구가 많은 동생에게 볏단을 주어야겠다는 생각을 떠올렸어요.
　　　　　　형이 동생에게 볏단을 주어야겠다고 생각한 까닭

한편 동생은 어머니를 모시고 사는 형에게 고마운 마음을 나타내고 싶었어요.
　　　　　　　　　　　　　　동생이 형에게 볏단을 주어야겠다고 생각한 까닭

형과 동생은 자기 볏단을 몰래 서로의 볏단에 가져다 놓았지요.

→ 형과 동생이 서로의 사정을 생각해 자기 볏단을 상대방의 볏단 더미에 가져다 놓았어요.

3

　다음 날, 형제는 자기 볏단 더미를 살펴보고 놀랐어요. 어제와 비교해 보니
　　　　　　　　　지난 밤에 서로의 볏단 더미에 볏단을 가져다 놓았는데, 볏단의 수가 그대로여서

볏단의 수가 그대로였기 때문이에요. 그날 밤, 형과 동생은 더 많은 볏단을 가지고

다시 서로의 볏단 더미로 갔어요. 그러다가 두 사람은 길에서 만나 서로를
　　　　　　　　　　　　　　　　　　　　　　　　형과 동생

알아봤어요. 그제야 형제는 자기 볏단 더미가 그대로인 까닭을 알게 되었어요.

→ 형제가 서로에게 볏단을 가져다 놓았다는 사실을 알게 됐어요.

오늘 아이의 학습을
평가해 보세요.

공부한 서술어를 잘 이해했나요?

부족함 ── ⌒ ── 보통 ── ⌣ ── 잘함

글의 내용을 잘 이해했나요?

부족함 ── ⌒ ── 보통 ── ⌣ ── 잘함

이야기를 이해해요

 본문 105쪽

01

2 형과 동생이 어제와 오늘의 볏단의 수를 비교했어요.

3 형과 동생이 볏단을 가지고 가다가 서로를 알아봤어요.

1 형과 동생은 서로에게 볏단을 주어야겠다는 생각을 떠올렸어요.

02 ❸

03 지민

01 형과 동생은 서로에게 볏단을 주어야겠다고 생각해 볏단을 나누어 주었지만, 다음 날 볏단을 비교해 보고 양이 줄지 않은 것을 알았어요. 그리고 그날 밤 다시 볏단을 옮기다 서로 만나게 돼요.

지도TIP ☞ 일이 일어난 순서는 시간 순서와 같아요.

02 ㉠과 ❸ '놀이터에서 친구를 알아봤어요.'에서 '알아보다'는 눈으로 보고 안다는 뜻이에요. ❶과 ❷의 '알아보다'는 모르는 것을 알려고 조사하거나 따져본다는 뜻이에요.

03 이 글의 중심 내용은 사이가 좋은 형제가 볏단을 주고받으며 우애를 확인하는 것이에요.

낱말의 첫 자음자를 보고, 빈칸에 들어갈 알맞은 낱말을 쓰세요.

서로를

| ㅇ 알 | 아 | 보 | 다 |

볏단의 수를

| ㅂ 비 | 교 | 하 | 다 |

1회

○ 맞힌 개수 / 15개

01 세다 **02** 넓다 **03** 짧다

04 적다 **05** 빼다 **06** 가르다

07 ❶ **08** 작습니다 **09** 크게

10 좁으면 **11** ❶-㉠ ❷-㉡

12 짓습니다

13 가로 ① 떠올리다 세로 ❶ 담다

14 📝예시 답안 동생이 나보다 가볍다.

15 📝예시 답안 엄마의 말씀에 관심을 기울이다.

01 '세다'는 수를 헤아린다는 뜻과 힘이 많다는 뜻이 있어요.

02 '넓다'는 넓이나 너비가 크다는 뜻이에요.

03 '짧다'는 물체의 양 끝이 서로 가깝다는 뜻이에요.

04 '많다'는 개수나 양이 보통보다 더 있다는 뜻으로, 뜻이 반대인 낱말은 '적다'예요. '좁다'와 뜻이 반대인 낱말은 '넓다'이고, '꺼내다'와 뜻이 반대인 낱말은 '넣다'예요.

05 '더하다'는 더 보태어 많게 한다는 뜻으로, 뜻이 반대인 낱말은 '빼다'예요. '높다'와 뜻이 반대인 낱말은 '낮다'이고, '크다'와 뜻이 반대인 낱말은 '작다'예요.

06 '모으다'는 어떤 것을 하나로 합친다는 뜻으로, 뜻이 반대인 낱말은 '가르다'예요. '당기다'와 뜻이 반대인 낱말은 '밀다'이고, '무겁다'와 뜻이 반대인 낱말은 '가볍다'예요.

07 ❶ 문장에서 '쓰다'는 얼굴에 무언가를 걸거나 덮어쓴다는 뜻이에요. ❷, ❸ 문장에서 '쓰다'는 글자나 기호 등을 적는다는 뜻이에요.

08 수의 크기를 비교하는 내용이므로 '작다'를 써야 해요. '적다'는 개수나 양이 보통보다 덜 있다는 뜻이에요.

09 멀리서도 잘 보이게 하려면 글자의 크기가 보통을 넘어야 하므로 '크다'를 써야 해요. '많다'는 개수나 수량이 보통을 넘는다는 뜻이에요.

10 앞에 있는 사람과의 사이는 너비로 표현할 수 있으므로 넓이나 너비가 작다는 뜻의 '좁다'를 써야 해요. '짧다'는 물체의 양 끝이 서로 가깝다는 뜻이에요.

11 '나타내다'는 생각이나 느낌 등을 드러낸다는 뜻이고, '비교하다'는 두 개 이상의 사물을 함께 보고 같은 점과 다른 점을 살펴본다는 뜻이에요.

12 첫 번째 빈칸에 들어가는 '짓다'는 재료를 가지고 무언가를 만든다는 뜻이고, 두 번째 빈칸에 들어가는 '짓다'는 이름이나 글, 노래 등을 생각해 내어 만든다는 뜻이에요.

13 가로 ①에 들어갈 낱말은 '떠올리다'이고 세로 ❶에 들어갈 낱말은 '담다'예요.

14

✅ 채점 기준

😊 잘했어요	'가볍다'의 뜻을 알고, 뜻이 잘 드러난 문장을 썼어요.
😞 다시 공부해요	'가볍다'만 따라 썼어요.

15

✅ 채점 기준

😊 잘했어요	'기울이다'의 뜻을 알고, 뜻이 잘 드러난 문장을 썼어요.
😞 다시 공부해요	'기울이다'만 따라 썼어요.

2회
○ 맞힌 개수 / 15개

01 길다	02 많다	03 알아보다
04 당기다	05 꺼내다	06 모으다
07 ❸	08 짧아서	09 빼면
10 무거워서	11 셉니다	

12 ❶-ⓒ ❷-㉠

13 ❶ 좁다 ❷ 크다 ❸ 짓다

14 **예시 답안** 신발장에 신발을 넣다.

15 **예시 답안** 옛날과 오늘날의 집의 모습을 비교하다.

---

01 '높다'는 아래에서 위까지의 길이가 길다는 뜻이에요.

02 '크다'는 길이, 넓이, 수가 보통을 넘는다는 뜻이에요.
지도 TIP ☞ '크다'와 '많다'의 뜻을 설명하고, 뜻의 차이를 이해할 수 있도록 지도해요.

03 '나타내다'는 보이지 않는 것을 드러낸다, 생각이나 느낌을 드러낸다는 뜻이에요.

04 제시된 문장에서 '당기다'는 자기 쪽이나 일정한 방향으로 가까이 오게 한다는 뜻이에요.

05 제시된 문장에서 '꺼내다'는 안에 있는 것을 밖으로 나오게 한다는 뜻이에요.

06 제시된 문장에서 '모으다'는 어떤 것을 하나로 합친다는 뜻이에요.

07 ❶, ❷ 문장에서 '담다'는 생각이나 내용을 그림, 글 등으로 나타낸다는 뜻이에요. ❸ 문장에서 '담다'는 물건을 그릇에 넣는다는 뜻이에요.

08 건널목의 양 끝이 서로 가까워 빨리 건널 수 있었다는 내용이므로 '짧다'를 써요.

09 사과 전체에서 얼마를 덜어 낸다는 내용이므로 '빼다'를 써요.

10 상자의 무게가 많이 나가서 혼자 옮길 수 없었다는 내용이므로 '무겁다'를 써요.

11 첫 번째 문장에서 '세다'는 힘이 많다는 뜻이고, 두 번째 문장에서 '세다'는 수를 헤아린다는 뜻이에요.

12 ❶ 낱말에 있는 자음자를 찾거나 알아보는 것이므로 '살펴보다'를 사용해요. ❷ 자전거를 탈 때 주의를 한곳으로 모으는 것이므로 '기울이다'를 사용해요.

13 ❶ '길이 좁다.'에서 '좁다'는 넓이나 너비가 작다는 뜻이에요. ❷ '배가 크다.'에서 '크다'는 길이, 넓이, 수가 보통을 넘는다는 뜻이에요. ❸ '건물을 짓다.'에서 '짓다'는 재료를 가지고 무언가를 만든다는 뜻이에요.

14

✔ 채점 기준

☺ 잘했어요	'넣다'의 뜻을 알고, 뜻이 잘 드러난 문장을 썼어요.
☹ 다시 공부해요	'넣다'만 따라 썼어요.

15

✔ 채점 기준

☺ 잘했어요	'비교하다'의 뜻을 알고, 뜻이 잘 드러난 문장을 썼어요.
☹ 다시 공부해요	'비교하다'만 따라 썼어요.

MEMO

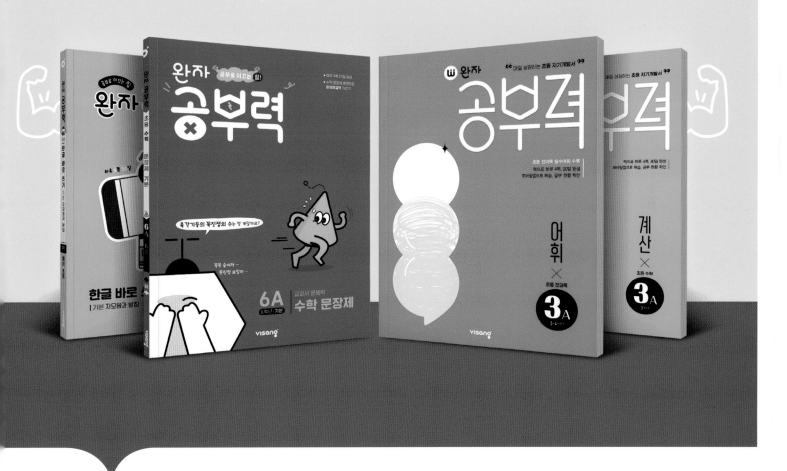

대표전화 1544-0554
주소 경기도 과천시 과천대로 2길 54
협의 없는 무단 복제는 법으로 금지되어 있습니다.

누구든 메타인지만 켠다면
트일 거예요
공부머리

ON1Y
META

오늘의 공부가 보내는 SOS에
단 하나의 답이 켜집니다.

이제, 누구라도
공부머리가 트일 수 있도록!

대한민국 메타인지 스위치 ON 온리원

지금 비상교육 온리원 무료체험하고
공부머리가 트이는 학습을
경험해보세요!

온리원 무료체험 🔍

완자 공부력

교과서 문해력
교과서가 술술 읽히는 서술어 12권

1A, 1B (1학년)

2A, 2B (2학년)

*새 교육과정 적용 시점에 맞추어 3~4학년용 3A~4B는 2024년 12월에, 5~6학년용 5A~6B는 2025년 12월에 출간됩니다.

비상교재
누리집에
방문해보세요

http://book.visang.com/

발간 이후에 발견되는 오류 비상교재 누리집 〉 학습자료실 〉 초등교재 〉 정오표
본 교재의 정답 비상교재 누리집 〉 학습자료실 〉 초등교재 〉 정답·해설

ISBN 979-11-6940-439-6

정가 10,000원
품질혁신코드 VS01QI24_1

초등학교   반   번 이름

공부로 이끄는 힘!

완자
공부력

교과서
문해력

교과서가 술술 읽히는
서술어

하루 4쪽
20일 완성!

많다, 적다

알아보다

더하다,
빼다

1A 1학년

visang

✔ 읽기, 쓰기,
셈하기 등의 기초 학력을
키우고 싶습니까?

Yes

N No

완자 **공부력**

개발 이효진 안태경
디자인 이채린 황지완 박윤슬 유지인

발행일 2024년 1월 1일
펴낸날 2024년 1월 1일
제조국 대한민국
펴낸곳 (주)비상교육
펴낸이 양태회
신고번호 제2002-000048호
출판사업총괄 최대찬
개발총괄 채진희
개발책임 구세나
디자인책임 김재훈
영업책임 이지웅
품질책임 석진안
마케팅책임 이은진
대표전화 1544-0554
주소 경기도 과천시 과천대로2길 54

✔ 교과서를 완벽하게
이해하고 싶습니까?

Y

N

✔ 영역별 배경지식을
쌓고 싶습니까?

Y

공부로 이끄는 힘

완자 공부력

· 가이드북 ·

독해·시작하기
P2·긴 글 읽기

P2
예비 초등

visang

공부로 이끄는 힘

완자 공부력

가이드북

독해·시작하기

P2 긴 글 읽기

1일차   7~10쪽

월 일에
공부했어요

가이드북
2쪽

01
어린이를 위한 클래식 음악회

붙임딱지를 붙여서 숲속 동물들의 음악회 모습을 완성해 보세요.

7쪽

글과 그림을 읽어요

승우의 음악회 감상문

다녀온 날짜와 시간 10월 2일 오후 4시 30분   장소 하늘 공연장

느낀 점

어제 부모님과 함께 '어린이를 위한 클래식 음악회'에 다녀왔다. 첫 순서는 *오케스트라 연주였다. 〈젓가락 행진곡〉처럼 내가 아는 곡을 들을 수 있어서 반가웠다. 연주회가 끝난 뒤에는 연주자들이 악기를 가까이에서 보여 주면서 악기에 대해 설명해 줬다. 나는 바이올린을 살펴봤는데, 4개의 줄만으로 아름다운 소리를 낼 수 있다는 것이 정말 신기했다.

마지막 순서는 연주자들과 어린이들이 함께 〈반짝반짝 작은 별〉을 연주하는 시간이었다. 탬버린, 트라이앵글, *우쿨렐레 등 각자 가져온 여러 가지 악기로 〈반짝반짝 작은 별〉을 연주했다. 나도 리코더를 꺼내 불었다. 연주자들과 함께 연주를 하다 보니 내가 진짜 오케스트라 연주자가 된 기분이 들었다. 부모님도 연주를 마친 나에게 박수를 많이 보내 주셔서 정말 뿌듯했다.

* 어휘 풀이는 가이드북 2쪽에서 볼 수 있어요.

8쪽

01 승우가 음악회에 가져간 악기는 무엇인지 쓰세요.

| 리 | 코 | 더 | • | • | • |

02 글을 읽고 음악회가 진행된 순서에 맞게 1~3의 번호를 쓰세요.

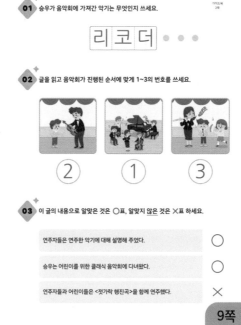

②   ①   ③

가이드북
2쪽

03 이 글의 내용으로 알맞은 것은 ◯표, 알맞지 않은 것은 ✕표 하세요.

연주자들은 연주한 악기에 대해 설명해 주었다.	◯
승우는 어린이를 위한 클래식 음악회에 다녀왔다.	◯
연주자들과 어린이들은 〈젓가락 행진곡〉을 함께 연주했다.	✕

9쪽

낱말과 놀아요

사다리를 타고 내려가 주어진 악기의 이름을 따라 쓰세요.

| 팀파니 | 바이올린 | 플루트 | 트럼펫 |

___월 ___일에
공부했어요

가이드북 3쪽

02
색깔이 변하는 식물, 란타나

붙임딱지를 붙여서 식물원의 모습을 완성해 보세요.

란타나
툴립
수선화
선인장

코칭 tip

<색깔이 변하는 식물, 란타나>의 붙임딱지 붙이기 활동을 한 뒤, 자신의 집에 있는 식물의 이름을 알아보는 활동을 해도 좋아요.

글과 그림을 읽어요

글 읽기

시아의 식물 관찰 보고서

관찰 식물 란타나
관찰 장소 푸른 식물원
관찰 및 조사 내용
✔ 생김새
 • 잎: 달걀 모양의 *타원형이고 끝이 뾰족함.
 • 꽃: 작은 꽃이 빽빽이 달려 있음.
   분홍색, 주황색, 노란색, 붉은색 등 꽃의 색이 다양함.
✔ 특징
 • 시간이 지나면서 꽃의 색이 여러 번 변함.
 • 나무 전체에 *독성이 있음. 특히 열매는 독성이 강해서 먹지 말아야 함.
느낀 점
 하나의 꽃이 *카멜레온처럼 여러 가지 색깔로 변한다는 것이 무척 신기했다. 카멜레온의 매력을 가진 식물, 란타나! 그런데 이런 아름다운 식물에 독이 감춰져 있었다니……. 식물이 아름답다고 함부로 만지거나 입에 넣으면 위험하다는 것을 새롭게 알게 되었다.

* 어휘 풀이는 가이드북 3쪽에서 볼 수 있어요.

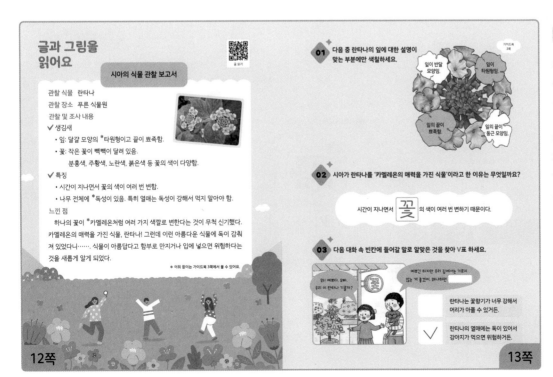

01 다음 중 란타나의 잎에 대한 설명이 맞는 부분에만 색칠하세요.

가이드북 3쪽

잎이 반달 모양임.
잎이 타원형임.
잎의 끝이 뾰족함.
잎의 끝이 둥근 모양임.

02 시아가 란타나를 '카멜레온의 매력을 가진 식물'이라고 한 이유는 무엇일까요?

시간이 지나면서 | 꽃 |의 색이 여러 번 변하기 때문이다.

03 다음 대화 속 빈칸에 들어갈 말로 알맞은 것을 찾아 ∨표 하세요.

엄마 예쁘다, 엄마.
우리 집 란타나 키울까요?

예쁘긴 하지만 우리 집에서는 키울 수 없어. _____

[ ] 란타나는 꽃향기가 너무 강해서 머리가 아플 수 있거든.

[✔] 란타나의 열매에는 독이 있어서 강아지가 먹으면 위험하거든.

어휘 가이드

* 타원형: 길쭉하게 둥근 타원으로 된 모양
* 독성: 독이 있는 성분
* 카멜레온: 네 개의 다리와 긴 꼬리를 가진 파충류. 도마뱀과 비슷한 생김새를 가졌으며, 주위의 환경, 온도 등에 따라 몸의 색이 변함.

낱말과 놀아요

식물의 각 부분의 이름을 <보기>에서 찾아 쓰세요.

보기 꽃 잎 뿌리 열매 줄기

꽃

줄기

열매

잎

뿌리

14쪽

3일차   15~18쪽

____월 ____일에
공부했어요

가이드북
4쪽

03
꼬치 요리를 만들어요

그림을 살펴보고 <보기>의 숨은 그림 5개를 모두 찾아 ○표 하세요.

보기 딸기 키위 포도 멜론 파인애플

15쪽

코칭 tip

<꼬치 요리를 만들어요>에서 제시된 숨은 그림 중 딸기, 키위, 파인애플은 16쪽 독해 학습 '새콤달콤 꼬치'의 재료입니다. 숨은 그림을 찾은 뒤, 그 재료들의 모양과 맛에 대해 이야기해 보아도 좋아요.

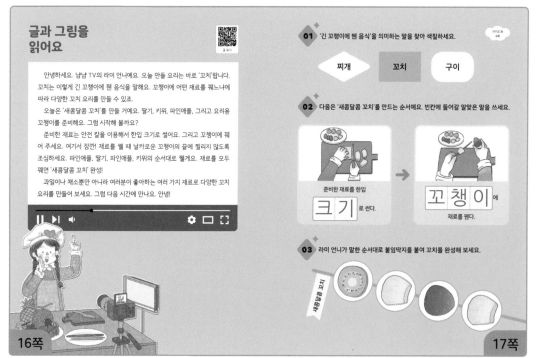

글과 그림을 읽어요

안녕하세요. 냠냠 TV의 라미 언니예요. 오늘 만들 요리는 바로 '꼬치'랍니다. 꼬치는 이렇게 긴 꼬챙이에 꿴 음식을 말해요. 꼬챙이에 어떤 재료를 꿰느냐에 따라 다양한 꼬치 요리를 만들 수 있죠.

오늘은 '새콤달콤 꼬치'를 만들 거예요. 딸기, 키위, 파인애플, 그리고 요리용 꼬챙이를 준비해요. 그럼 시작해 볼까요?

준비한 재료는 안전 칼을 이용해서 한입 크기로 썰어요. 그리고 꼬챙이에 꿰어 주세요. 여기서 잠깐! 재료를 꿸 때 날카로운 꼬챙이의 끝에 찔리지 않도록 조심하세요. 파인애플, 딸기, 파인애플, 키위의 순서대로 꿸게요. 재료를 모두 꿰면 '새콤달콤 꼬치' 완성!

과일이나 채소뿐만 아니라 여러분이 좋아하는 여러 가지 재료로 다양한 꼬치 요리를 만들어 보세요. 그럼 다음 시간에 만나요. 안녕!

16쪽

가이드북
4쪽

01 '긴 꼬챙이에 꿴 음식'을 의미하는 말을 찾아 색칠하세요.

찌개   꼬치   구이

02 다음은 '새콤달콤 꼬치'를 만드는 순서예요. 빈칸에 들어갈 알맞은 말을 쓰세요.

준비한 재료를 한입
크기 로 썬다.

→

꼬챙이 에
재료를 꿴다.

03 라미 언니가 말한 순서대로 붙임딱지를 붙여 꼬치를 완성해 보세요.

새콤달콤 꼬치

17쪽

코칭 tip

3번 문제는 예시 정답으로 제시된 오른쪽 하단의 파인애플 쪽이 꼬치의 아래쪽입니다. 처음에 꽂는 재료가 꼬치의 제일 아래쪽에 위치하게 된다는 것을 아이가 인지한 뒤 붙임딱지를 붙일 수 있도록 해 주세요.

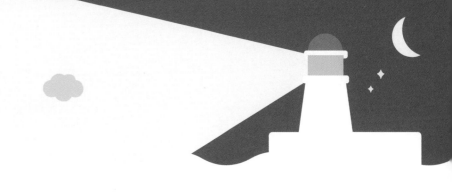

낱말과 놀아요

그림을 보고 빈칸에 들어갈 알맞은 낱말을 찾아 연결하세요.

과일의 종류가 □

유치원에 가려고 □

장미 가시에 □

길을 건널 때 차를 □

- 찔리다
- 다양하다
- 준비하다
- 조심하다

18쪽

_____월 _____일에
공부했어요

가이드북 5쪽

04
조선 시대 최고의 발명가, 장영실

내가 발명하고 싶은 물건을 상상하여 빈칸에 그려 보세요.

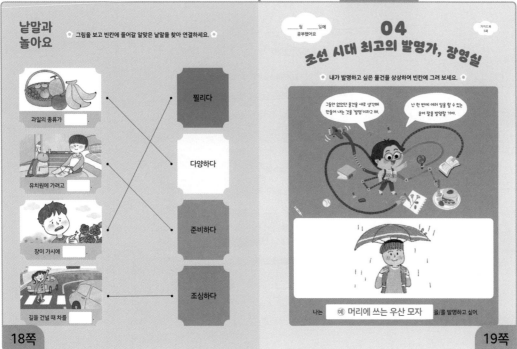

나는 예) 머리에 쓰는 우산 모자 을/를 발명하고 싶어.

19쪽

<조선 시대 최고의 발명가, 장영실>에서는 '발명'의 의미를 먼저 이해할 수 있도록 해 주세요. 그리고 새로운 아이디어가 포함된다면 꼭 거창한 것이 아니라도 발명이라고 볼 수 있다는 점을 상기해 주세요. 아이가 평소에 좋아하고 관심 있어 하는 것에서부터 생각을 넓혀 나갈 수 있도록 이끌어 주시면 좋습니다.

글과 그림을 읽어요

글 읽기

장영실은 조선 시대 최고의 발명가예요. *노비로 태어난 장영실은 어릴 때부터 손재주가 뛰어났고, 그 능력을 인정받아 궁궐에서 일하게 되었어요. 어느 날 세종 대왕은 장영실에게 하늘을 관찰할 수 있는 *기구를 만들어 보라고 했지요. 장영실은 많은 연구 끝에 해와 달, 별의 움직임을 살펴볼 수 있는 '혼천의'를 만들게 되었어요.

장영실은 그 후로도 연구를 멈추지 않았고, 해시계 '앙부일구'를 발명했어요. 가마솥처럼 오목하고 둥근 모양의 틀에 뾰족한 침이 있어, 그 그림자를 통해 시간을 알 수 있게 했죠. 또 날씨의 영향을 받지 않고 시간을 알 수 있는 물시계 '자격루'도 만들었어요. 크고 작은 항아리, 둥글고 긴 기둥을 통해 물이 일정한 속도로 떨어지도록 하여 시간을 알 수 있게 했어요.

이러한 노력 덕분에 장영실은 노비 신분에서 벗어나 *벼슬을 받았고, 조선의 과학은 크게 발전할 수 있었답니다.

* 어휘 풀이는 가이드북 5쪽에서 볼 수 있어요.

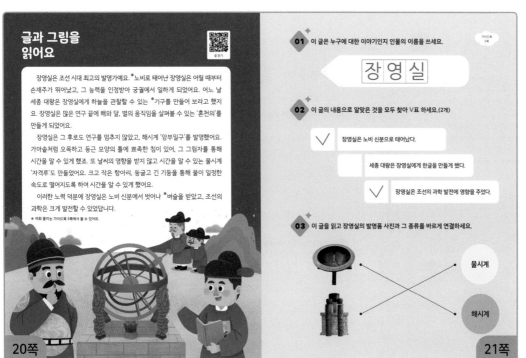

20쪽

---

01 이 글은 누구에 대한 이야기인지 인물의 이름을 쓰세요.

가이드북 5쪽

장영실

02 이 글의 내용으로 알맞은 것을 모두 찾아 V표 하세요.(2개)

☑ 장영실은 노비 신분으로 태어났다.

□ 세종 대왕은 장영실에게 한글을 만들게 했다.

☑ 장영실은 조선의 과학 발전에 영향을 주었다.

03 이 글을 읽고 장영실의 발명품 사진과 그 종류를 바르게 연결하세요.

- 물시계
- 해시계

21쪽

---

* 노비: 신분이 나뉘었던 옛날 우리나라에서 낮은 위치에 속했던 신분의 사람. 주인에게 속해 자유롭지 못했고, 심부름 등의 일을 했음.
* 기구: 기계, 도구 등을 통틀어 이르는 말
* 벼슬: 예전에, 나랏일을 맡아 다스리는 자리나 그 일을 이르던 말

낱말과 놀아요

● 다음 낱말을 글자판에서 모두 찾아 ○표 하세요. ●

장영실   혼천의   자격루   양부일구

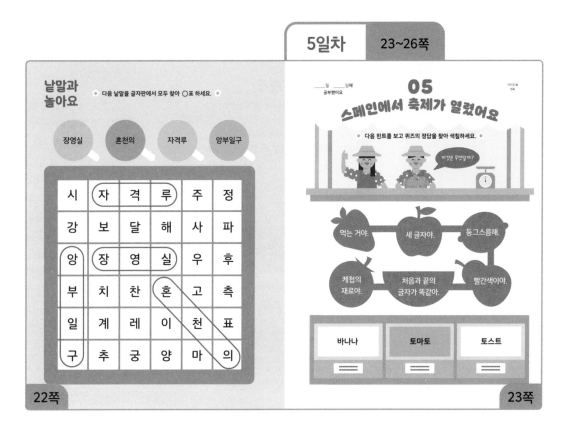

시	자	격	루	주	정
강	보	달	해	사	파
앙	장	영	실	우	후
부	치	찬	혼	고	측
일	계	레	이	천	표
구	추	궁	양	마	의

22쪽

___월 ___일에
공부했어요

가이드북 6쪽

05
스페인에서 축제가 열렸어요

● 다음 힌트를 보고 퀴즈의 정답을 찾아 색칠하세요. ●

이것은 무엇일까?

먹는 거야.   세 글자야.   동그스름해.

케첩의 재료야.   처음과 끝의 글자가 똑같아.   빨간색이야.

바나나	토마토	토스트

23쪽

글과 그림을 읽어요

[QR code] 글 읽기

*시청자 여러분, 안녕하십니까? 저는 지금 토마토 축제가 한창인 스페인의 도시 부뇰에 나와 있습니다. 이곳에서는 매년 8월 마지막 주 수요일에 토마토 축제가 열리는데요. 지금 거리에는 수많은 주민과 *관광객들이 모여 토마토를 서로에게 던지며 축제를 즐기고 있습니다.

많은 사람들이 모인 축제인 만큼 안전을 위한 행사 규칙을 따르는 것이 중요합니다. 먼저 잘 익은 토마토라도 손으로 꽉 쥐어서 으깬 뒤에 던져야 합니다. 또한 다른 사람의 옷을 잡아당기거나 찢으면 안 됩니다.

규칙을 지키면 모두가 즐거운 축제를 즐길 수 있습니다. 그럼 저와 함께 잠시 축제의 모습을 감상해 보시죠.

※ 어휘 풀이는 가이드북 6쪽에서 볼 수 있어요.

24쪽

01 이 글에서 소개하고 있는 축제의 행사를 찾아 색칠하세요.

가이드북 6쪽

토마토 옮기기   토마토 던지기   토마토 요리하기

02 이 글에서 소개하고 있는 축제가 열리는 날짜를 달력에서 찾아 ○표 하세요.

8월

일	월	화	수	목	금	토
			1	2	3	4	5
6	7	8	9	10	11	12
13	14	15	16	17	18	19
20	21	22	23	24	25	26
27	28	29	㉚	31		

03 축제에서 지켜야 하는 행동으로 알맞은 것을 모두 찾아 V표 하세요.(2개)

√ 토마토를 손으로 으깬 뒤에 던진다.

남자는 남자끼리, 여자는 여자끼리 던진다.

√ 다른 사람의 옷을 잡아당기거나 찢지 않는다.

25쪽

어휘 가이드

＊ 시청자: 텔레비전의 방송 프로그램을 보고 듣는 사람

＊ 관광객: 다른 지역이나 다른 나라의 풍경 등을 구경하러 다니는 사람

낱말과 놀아요

'토마토'처럼 거꾸로 읽어도 똑같은 낱말을 모두 찾아 ○표 하세요. ●

도토리 도미노 기러기 일요일 오징어 스위스 아시아 붕어빵 수비수 별똥별 마스크

26쪽

___월 ___일에
공부했어요

가이드북
7쪽

06
이상한 나라의 앨리스

★ 그림을 살펴보고 <보기>의 숨은 그림 5개를 모두 찾아 ○표 하세요. ●

보기 부채 시계 장갑 카드 고슴도치

27쪽

코칭 tip

<이상한 나라의 앨리스>의 숨은 그림 찾기 활동 속 그림은 이 동화의 한 장면입니다. 앨리스가 모자 장수, 흰토끼와 함께 차를 마시고 있는 모습으로, 28쪽 이야기보다는 뒷부분의 내용입니다. 꼭 전체 내용을 파악할 필요는 없으며, 그림 속에서 앨리스는 무엇을 하고 있는지 등을 함께 이야기해 주시면 좋습니다.

글과 그림을 읽어요

앨리스는 서둘러 흰토끼를 쫓아갔지만, *모퉁이를 돌았을 때 흰토끼는 이미 사라지고 없었어요. 그리고 탁자 위에 '나를 마셔요.'라고 쓰여 있는 작은 병을 발견했지요. 호기심에 조금 마셔 보니 맛이 정말 좋았어요. 앨리스는 병에 담긴 것을 몽땅 마셔 버렸어요.
"어, 이상해. 내 몸이 줄어드는 것 같아."
정말로 앨리스의 키는 아주 작아졌어요.
조금 뒤 앨리스는 탁자 아래에 있는 작은 상자를 발견했어요. 상자 속에는 '나를 먹어요.'라고 쓰여 있는 케이크가 있었어요. 앨리스는 케이크를 맛있게 먹었어요. 그러자 이번에는 앨리스의 키가 *거인만큼 커졌어요. 놀란 앨리스는 주저앉아 울기 시작했죠. 그때 사라졌던 흰토끼가 앨리스의 앞을 지나갔어요. 앨리스는 흰토끼를 불렀지요. 그런데 앨리스를 본 흰토끼는 깜짝 놀라서 들고 있던 장갑과 부채를 떨어뜨리고 달아났어요.

* 어휘 풀이는 가이드북 7쪽에서 볼 수 있어요.

28쪽

01 앨리스가 누구를 쫓아갔는지 찾아 쓰세요.

흰 토 끼

02 앨리스의 키가 달라진 이유에 맞게 붙임딱지를 붙여 보세요.

03 이 글의 내용으로 알맞은 것을 모두 찾아 V표 하세요.(2개)

[V] 흰토끼는 장갑과 부채를 떨어뜨렸다.

[ ] 앨리스는 키가 거인만큼 커지자 기뻐했다.

[V] 앨리스는 작은 병에 담긴 것을 모두 마셨다.

29쪽

가이드북
7쪽

어휘 가이드

* **모퉁이**: 구부러지거나 꺾어져 돌아간 자리
* **거인**: 보통 사람보다 몸이 아주 큰 사람

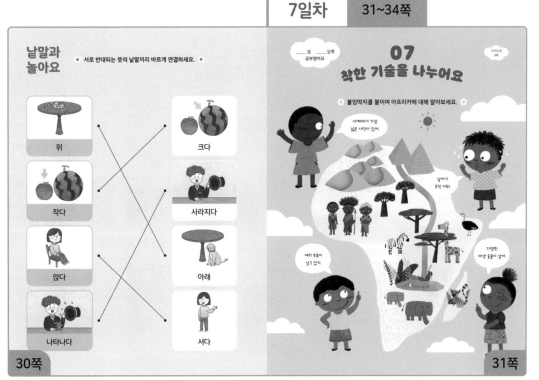

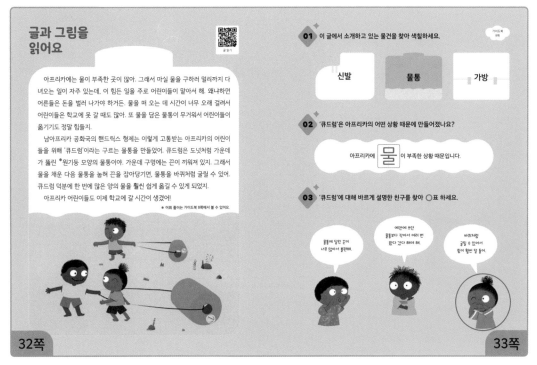

7일차　31~34쪽

코칭 tip

<착한 기술을 나누어요>의 붙임딱지 붙이기 활동을 해 보며, 아프리카 대륙의 모양과 특징을 이해할 수 있도록 해 주세요. 세계 지도 속에서 아프리카 대륙을 살펴보거나, 아프리카에 대해 평소 알고 있던 배경지식에 대해 함께 이야기해 보아도 좋아요.

어휘 가이드

* 원기둥: 윗면과 밑면이 원 모양이고, 옆면이 둥근 면으로 이루어져 있는 입체 도형

코칭 tip

'큐드럼(Q-drum)'은 아프리카와 같은 제3 세계에서 발생하는 문제를 해결하기 위해 만들어진 '적정 기술'의 대표적인 예입니다.

8

코칭 tip

<낱말과 놀아요>에서 무게 비교 활동은 저울이 아래로 기운 쪽이 더 무겁다는 사실을 인지한 뒤 활동하도록 안내해 주세요.

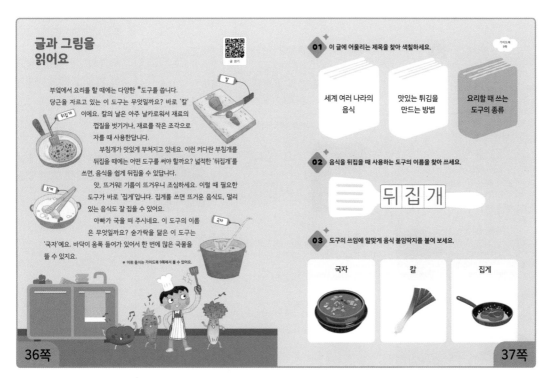

어휘 가이드

＊ 도구: 어떤 일을 할 때 사용하는 물건을 통틀어 이르는 말

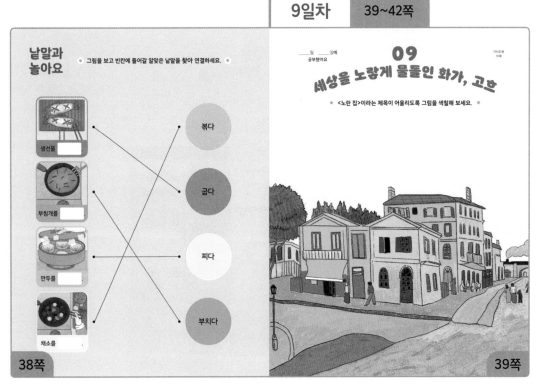

낱말과 놀아요

그림을 보고 빈칸에 들어갈 알맞은 낱말을 찾아 연결하세요.

생선을 ☐
부침개를 ☐
만두를 ☐
채소를 ☐

볶다
굽다
찌다
부치다

38쪽

___월 ___일에
공부했어요

가이드북 10쪽

09
세상을 노랗게 물들인 화가, 고흐

✦ <노란 집>이라는 제목이 어울리도록 그림을 색칠해 보세요.

39쪽

코칭 tip

<세상을 노랗게 물들인 화가, 고흐>에서 색칠하기 활동의 경우, 제목을 고려하여 집을 노란색으로 칠할 수 있도록 안내해 주세요. 그 외에는 아이가 자유롭게 색칠해도 좋아요. 그림을 완성한 뒤에는 고흐의 <노란 집> 작품을 찾아 함께 보면서 이야기 나누셔도 좋습니다.

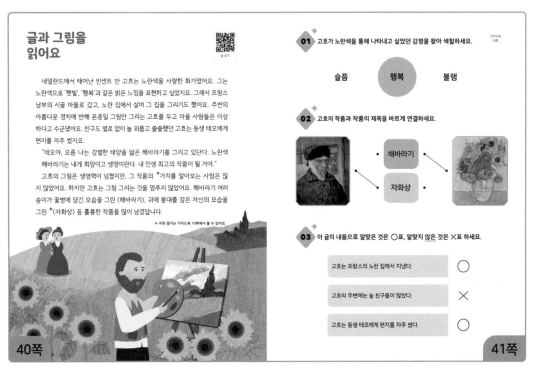

글과 그림을 읽어요

네덜란드에서 태어난 빈센트 반 고흐는 노란색을 사랑한 화가였어요. 그는 노란색으로 '햇빛', '행복'과 같은 밝은 느낌을 표현하고 싶었지요. 그래서 프랑스 남부의 시골 마을로 갔고, 노란 집에서 살며 그 집을 그리기도 했어요. 주변의 아름다운 경치에 반해 온종일 그림만 그리는 고흐를 두고 마을 사람들은 이상하다고 수군댔어요. 친구도 별로 없이 늘 외롭고 쓸쓸했던 고흐는 동생 테오에게 편지를 자주 썼지요.

"테오야, 요즘 나는 강렬한 태양을 닮은 해바라기를 그리고 있단다. 노란색 해바라기는 내게 희망이고 생명이란다. 내 인생 최고의 작품이 될 거야."

고흐의 그림은 생명력이 넘쳤지만, 그 작품의 ✱가치를 알아보는 사람은 많지 않았어요. 하지만 고흐는 그림 그리는 것을 멈추지 않았어요. 해바라기 여러 송이가 꽃병에 담긴 모습을 그린 <해바라기>, 귀에 붕대를 감은 자신의 모습을 그린 ✱<자화상> 등 훌륭한 작품을 많이 남겼답니다.

✱ 어휘 풀이는 가이드북 10쪽에서 볼 수 있어요.

40쪽

01 고흐가 노란색을 통해 나타내고 싶었던 감정을 찾아 색칠하세요.

슬픔   행복   불행

02 고흐의 작품과 작품의 제목을 바르게 연결하세요.

해바라기
자화상

03 이 글의 내용으로 알맞은 것은 ◯표, 알맞지 않은 것은 ✕표 하세요.

고흐는 프랑스의 노란 집에서 지냈다.	◯
고흐의 주변에는 늘 친구들이 많았다.	✕
고흐는 동생 테오에게 편지를 자주 썼다.	◯

41쪽

어휘 가이드

✱ **가치**: 대상이 사람과의 관계에 의해 가지게 되는 중요성

✱ **자화상**: 스스로 그린 자신의 초상화
(초상화는 사람의 얼굴을 중심으로 그린 그림을 말함.)

10일차　43~46쪽

코칭 tip

<낱말과 놀아요>의 활동을 통해 낱말 중에는 '햇빛', '행복'과 같은 밝고 긍정적인 느낌을 주는 낱말과 '슬픔', '어둠'과 같이 어둡고 부정적인 느낌을 주는 낱말이 있다는 것을 알게 해 주세요.

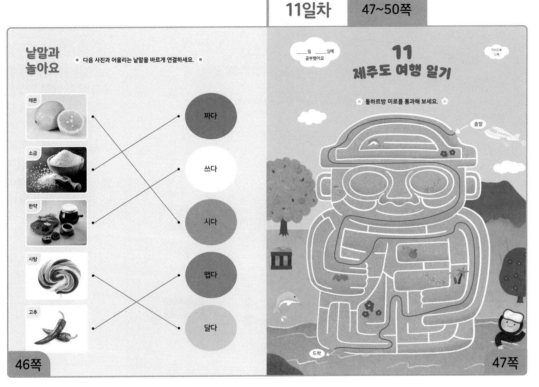

코칭 tip

<제주도 여행 일기>의 미로 찾기 활동에서 '돌하르방'은 제주도를 지켜 주는 수호신으로, 노인의 모습을 돌로 만든 것입니다.

어휘 가이드

* 미로: 어지럽게 갈라져 있어서, 한번 들어가면 다시 빠져나오기 어려운 길
* 모래사장: 강가나 바닷가에 있는 넓고 큰 모래벌판
* 폭포: 절벽에서 곧장 쏟아져 내리는 물줄기

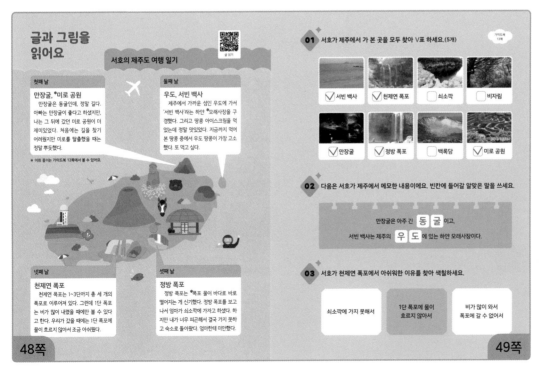

12일차 51~54쪽

낱말과 놀아요

사다리를 타고 내려가 다음 제주도 방언의 뜻을 알아보세요.

'방언'은 그 지역에서만 쓰는 말이야.

강생이 　하르방 　둥비 　도새기

두부 　강아지 　돼지 　할아버지

50쪽

_____월 _____일에
공부했어요

가이드북
13쪽

12
우주인들은 어떻게 생활할까?

주어진 그림자를 살펴보고 원래 어떤 그림일지 찾아 ○표 하세요.

51쪽

코칭 tip

<우주인들은 어떻게 생활할까?>에서 그림 찾기 활동의 경우, 그림자의 요소와 세 그림의 요소를 하나씩 비교하며, 맞지 않는 그림은 하나씩 지워 가며 정답을 찾을 수 있도록 안내해 주세요.

글과 그림을 읽어요

질문: 우주선에서는 음식을 어떻게 먹나요?
답변: 지구에는 사람이나 물건을 잡아당기는 힘인 *중력이 있어요. 그래서 땅 위를 자유롭게 걸어 다닐 수 있죠. 하지만 우주에는 중력이 없어서 무엇이든 둥실둥실 떠다녀요. 음식도 마찬가지예요. 그래서 치약처럼 담겨 있는 음식을 꼭 눌러서 짜 먹어요. 어떤 음식은 바짝 말려 두었다가 먹기 직전에 물을 부어서 먹기도 하죠. 또 물은 빨대로 마셔야 한답니다.

질문: 우주선에서는 똥을 어떻게 누나요?
답변: 우주선의 화장실에는 손잡이와 발판이 달려 있어요. 여기에 몸을 *고정하고 똥을 누지요. 그러면 물 대신 공기가 똥을 청소기처럼 쏙 빨아들인 다음 한곳에 모아서 말려요. 말린 똥은 지구에 가지고 와서 우주인의 건강 상태를 확인하는 데 사용되지요.

* 어휘 풀이는 가이드북 13쪽에서 볼 수 있어요.

52쪽

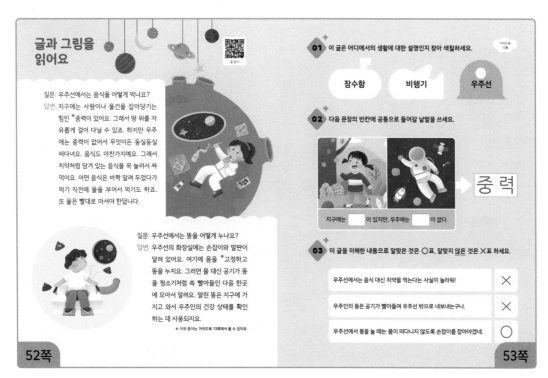

가이드북
13쪽

01 이 글은 어디에서의 생활에 대한 설명인지 찾아 색칠하세요.

잠수함 　비행기 　우주선

02 다음 문장의 빈칸에 공통으로 들어갈 낱말을 쓰세요.

→ 중력

지구에는 [ ] 이 있지만, 우주에는 [ ] 이 없다.

03 이 글을 이해한 내용으로 알맞은 것은 ○표, 알맞지 않은 것은 ✕표 하세요.

우주선에서는 음식 대신 치약을 먹는다는 사실이 놀라워!	✕
우주인의 똥은 공기가 빨아들여 우주선 밖으로 내보내는구나.	✕
우주선에서 똥을 눌 때는 몸이 떠다니지 않도록 손잡이를 잡아야겠네.	○

53쪽

어휘 가이드

* 중력: 지구가 물체를 지구의 중심 방향으로 끌어당기는 힘
* 고정: 한곳에 꼭 붙어 있거나 붙어 있게 함.

13일차 55~58쪽

낱말과 놀아요

태양계에 어떤 행성이 있는지 살펴보고, 그 이름을 따라 쓰세요.

해왕성
토성
천왕성
화성
목성
금성
지구
수성

54쪽

월 일에
공부했어요

가이드북
14쪽

13
바른 자세로 말하고 들어요

선생님의 말씀을 제대로 듣고 있지 않은 친구를 모두 찾아 ◯표 하세요.

55쪽

글과 그림을 읽어요

글 읽기

여러 친구 앞에서 말해 본 적이 있나요? 다른 사람들 앞에서 말을 할 때에는 바른 자세로 말해야 해요. 그렇다면 어떤 자세가 바른 자세일까요?

우선 양발은 *어깨너비만큼 자연스럽게 벌리고, 허리는 꼿꼿하게 세우고 똑바로 서요. 양손은 자연스럽게 내리거나, 말하는 내용에 따라 조금씩 움직여도 좋아요. 그리고 고개를 들어 듣는 사람을 바라보며, 알맞은 크기의 목소리로 또박또박 말합니다.

그렇다면 친구나 선생님의 말을 들을 때에는 어떨까요? 이때도 마찬가지로 바른 자세로 잘 들어야 해요. 다리는 가지런히 모으고, 허리는 등받이에 붙이고 앉아요. 양손은 허벅지나 책상 위에 자연스럽게 올려놓아요. 그리고 말하는 사람을 바라보며 귀 기울여 듣습니다.

* 어휘 풀이는 가이드북 14쪽에서 볼 수 있어요.

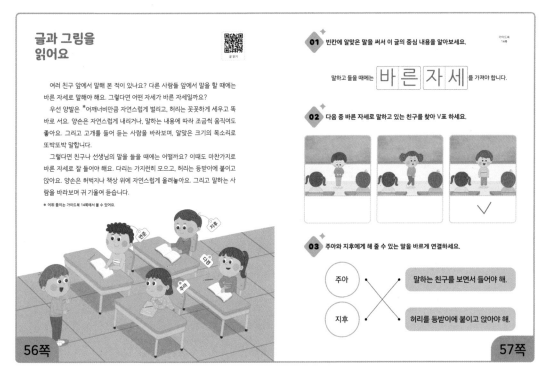

56쪽

01 빈칸에 알맞은 말을 써서 이 글의 중심 내용을 알아보세요.

가이드북
14쪽

말하고 들을 때에는 | 바 | 른 | 자 | 세 | 를 가져야 합니다.

02 다음 중 바른 자세로 말하고 있는 친구를 찾아 V표 하세요.

✓

03 주아와 지후에게 해 줄 수 있는 말을 바르게 연결하세요.

주아

지후

말하는 친구를 보면서 들어야 해.

허리를 등받이에 붙이고 앉아야 해.

57쪽

코칭 tip

<낱말과 놀아요>의 태양계 행성 살펴보기 활동의 경우, 태양에서 가까운 쪽에서부터 점점 멀어지는 쪽으로 순서대로 살펴보면 더 좋아요.

어휘 가이드

* 어깨너비: 양쪽의 두 어깨 사이의 거리

14

낱말과 놀아요

● 그림을 보고 알맞은 붙임딱지를 붙여 문장을 완성하세요. ●

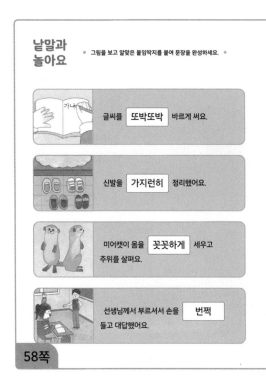

글씨를 **또박또박** 바르게 써요.

신발을 **가지런히** 정리했어요.

미어캣이 몸을 **꼿꼿하게** 세우고 주위를 살펴요.

선생님께서 부르셔서 손을 **번쩍** 들고 대답했어요.

58쪽

___월 ___일에
공부했어요

가이드북 15쪽

14
오늘의 날씨를 알려 드립니다

● 두 그림을 살펴보고 서로 다른 부분 5곳을 찾아 ○표 하세요. ●

59쪽

코칭 tip

<오늘의 날씨를 알려 드립니다>의 다른 그림 찾기 활동의 경우, 두 그림 속 날씨가 달라지며 그림 상황도 변화되었음을 인지할 수 있도록 해 주세요.

글과 그림을 읽어요

[QR 코드] 글 읽기

3월 28일 토요일, 오늘의 날씨를 알려 드립니다.
오늘은 중국 쪽에서 몰려온 *황사가 전국을 뒤덮겠습니다. 공기가 좋지 않은 가운데, 구름도 많아서 하루 종일 흐리겠습니다. 황사는 일요일인 내일 오전까지 이어지겠습니다. 하지만 내일 오후부터는 기다리던 봄비가 내릴 것으로 예상됩니다. 비가 내리고 나면 공기가 한결 깨끗해지겠습니다. 다만 황사가 비와 함께 섞여 내리기 때문에 우산을 꼭 쓰시는 것이 좋습니다.
다음 주 월요일부터 수요일까지는 낮 기온이 20도까지 껑충 오르면서 맑고 포근한 봄 날씨가 이어지겠습니다. 목요일에는 전국이 흐려지고, 금요일에는 다시 봄비가 내릴 *전망입니다. 날씨였습니다.

* 어휘 풀이는 가이드북 15쪽에서 볼 수 있어요.

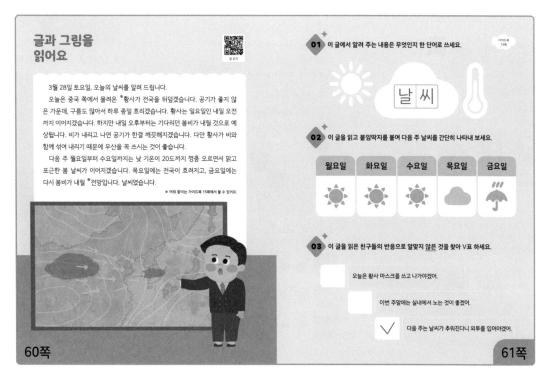

60쪽

---

01 이 글에서 알려 주는 내용은 무엇인지 한 단어로 쓰세요.

가이드북 15쪽

[해 그림] **날 씨** [온도계 그림]

02 이 글을 읽고 붙임딱지를 붙여 다음 주 날씨를 간단히 나타내 보세요.

월요일	화요일	수요일	목요일	금요일
☀	☀	☀	☁	☂

03 이 글을 읽은 친구들의 반응으로 알맞지 <u>않은</u> 것을 찾아 V표 하세요.

	오늘은 황사 마스크를 쓰고 나가야겠어.
	이번 주말에는 실내에서 노는 것이 좋겠어.
✓	다음 주는 날씨가 추워진다니 외투를 입어야겠어.

61쪽

어휘 가이드

＊ **황사**: 중국의 사막이나 황토 지대에 있는 가는 모래가 강한 바람으로 인하여 날아올랐다가 점차 내려오는 현상. 봄이나 초여름에 우리나라에도 날아옴.
＊ **전망**: 다가올 앞날을 미리 내다봄. 또는 내다보이는 상황

15

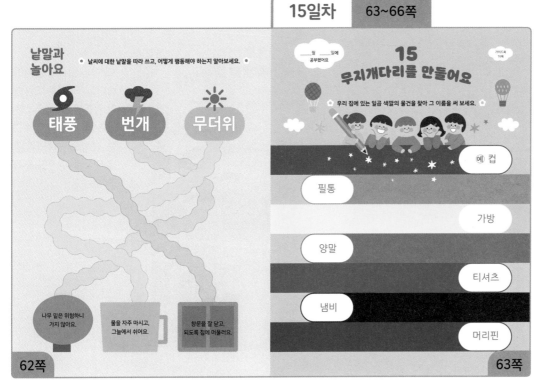

15일차 63~66쪽

낱말과 놀아요

날씨에 대한 낱말을 따라 쓰고, 어떻게 행동해야 하는지 알아보세요.

태풍　**번개**　**무더위**

나무 밑은 위험하니 가지 않아요.

물을 자주 마시고, 그늘에서 쉬어요.

창문을 잘 닫고, 되도록 집에 머물러요.

62쪽

_____월 _____일에
공부했어요
가이드북 15쪽

15 무지개다리를 만들어요

우리 집에 있는 일곱 색깔의 물건을 찾아 그 이름을 써 보세요.

예) 컵

필통

가방

양말

티셔츠

냄비

머리핀

63쪽

코칭 tip

<무지개다리를 만들어요>에서 일곱 빛깔의 물건 찾기 활동의 경우, 아이가 직접 집 안의 물건들을 찾아보며 써 볼 수 있도록 해 주세요.

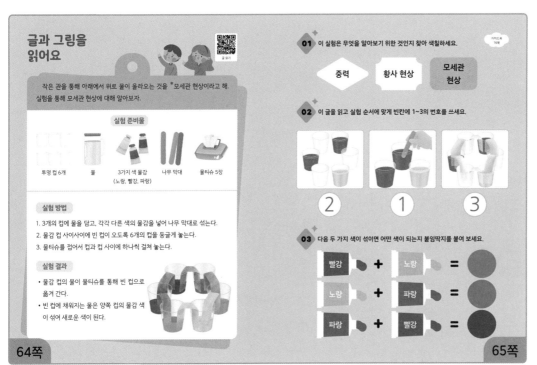

글과 그림을 읽어요

작은 관을 통해 아래에서 위로 물이 올라오는 것을 *모세관 현상이라고 해. 실험을 통해 모세관 현상에 대해 알아보자.

실험 준비물

투명 컵 6개　물　3가지 색 물감 (노랑, 빨강, 파랑)　나무 막대　물티슈 5장

실험 방법

1. 3개의 컵에 물을 담고, 각각 다른 색의 물감을 넣어 나무 막대로 섞는다.
2. 물감 컵 사이사이에 빈 컵이 오도록 6개의 컵을 둥글게 놓는다.
3. 물티슈를 접어서 컵과 컵 사이에 하나씩 걸쳐 놓는다.

실험 결과

• 물감 컵의 물이 물티슈를 통해 빈 컵으로 옮겨 간다.
• 빈 컵에 채워지는 물은 양쪽 컵의 물감 색이 섞여 새로운 색이 된다.

64쪽

가이드북 16쪽

01 이 실험은 무엇을 알아보기 위한 것인지 찾아 색칠하세요.

중력　황사 현상　모세관 현상

02 이 글을 읽고 실험 순서에 맞게 빈칸에 1~3의 번호를 쓰세요.

② ① ③

03 다음 두 가지 색이 섞이면 어떤 색이 되는지 붙임딱지를 붙여 보세요.

빨강 + 노랑 = ●

노랑 + 파랑 = ●

파랑 + 빨강 = ●

65쪽

어휘 가이드

＊ 모세관 현상: 머리카락처럼 가느다란 관을 액체 속에 넣어 세웠을 때 액체가 관을 따라 올라가는 현상. 식물의 뿌리에서 물이 올라와 가지나 잎의 구석구석까지 퍼져 들어가는 것을 설명할 수 있는 현상임.

낱말과 놀아요

❋ 그림을 보고 알맞은 낱말을 찾아 바르게 연결하세요. ❋

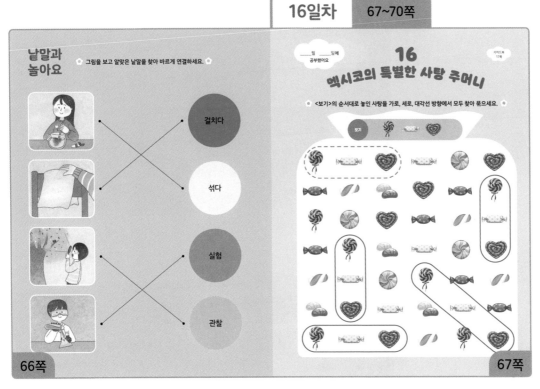

걸치다

섞다

실험

관찰

66쪽

_____월 _____일에
공부했어요

가이드북
17쪽

16
멕시코의 특별한 사탕 주머니

❋ <보기>의 순서대로 놓인 사탕을 가로, 세로, 대각선 방향에서 모두 찾아 묶으세요. ❋

보기

67쪽

코칭 tip

<멕시코의 특별한 사탕 주머니>에서 사탕 찾기 활동의 경우, <보기>의 사탕 순서를 잘 살핀 뒤 찾아볼 수 있도록 해 주세요.

글과 그림을 읽어요

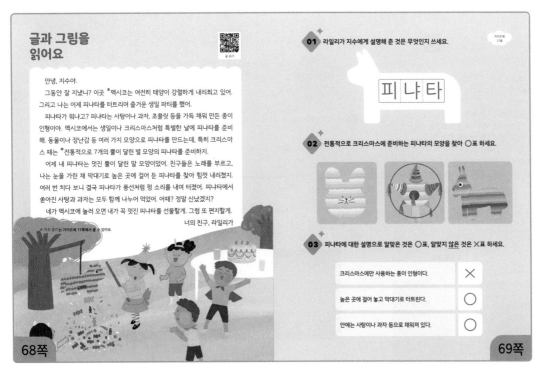

안녕, 지수야.
　그동안 잘 지냈니? 이곳 *멕시코는 여전히 태양이 강렬하게 내리쬐고 있어. 그리고 나는 어제 피냐타를 터트리며 즐거운 생일 파티를 했어.
　피냐타가 뭐냐고? 피냐타는 사탕이나 과자, 초콜릿 등을 가득 채워 만든 종이 인형이야. 멕시코에서는 생일이나 크리스마스처럼 특별한 날에 피냐타를 준비해. 동물이나 장난감 등 여러 가지 모양으로 피냐타를 만드는데, 특히 크리스마스 때는 *전통적으로 7개의 뿔이 달린 별 모양의 피냐타를 준비하지.
　어제 내 피냐타는 멋진 뿔이 달린 말 모양이었어. 친구들은 노래를 부르고, 나는 눈을 가린 채 막대기로 높은 곳에 걸어 둔 피냐타를 찾아 힘껏 내리쳤지. 여러 번 치다 보니 결국 피냐타가 풍선처럼 펑 소리를 내며 터졌어. 피냐타에서 쏟아진 사탕과 과자는 모두 함께 나누어 먹었어. 어때? 정말 신났겠지?
　네가 멕시코에 놀러 오면 내가 꼭 멋진 피냐타를 선물할게. 그럼 또 편지할게.
너의 친구, 라일리가

❋ 위의 글은 가이드북 17쪽에서 볼 수 있어요.

68쪽

01 라일리가 지수에게 설명해 준 것은 무엇인지 쓰세요.

가이드북
17쪽

피 냐 타

02 전통적으로 크리스마스에 준비하는 피냐타의 모양을 찾아 ○표 하세요.

03 피냐타에 대한 설명으로 알맞은 것은 ○표, 알맞지 <u>않은</u> 것은 ✕표 하세요.

크리스마스에만 사용하는 종이 인형이다.	✕
높은 곳에 걸어 놓고 막대기로 터트린다.	○
안에는 사탕이나 과자 등으로 채워져 있다.	○

69쪽

어휘 가이드

* 멕시코: 북아메리카 대륙에 있는 나라로, 미국의 서남부와 접해 있음.
* 전통적: 예로부터 이어져 내려오는. 또는 그런 것.

낱말과 놀아요

우리나라의 전통 놀이 그림과 그 이름을 바르게 연결하세요.

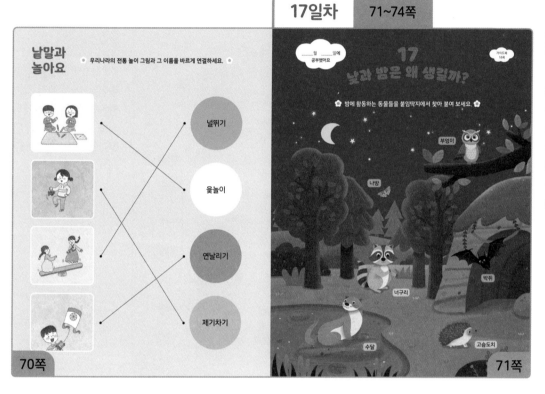

70쪽

71쪽

글과 그림을 읽어요

지금 밖에 해가 떠 있나요? 해가 떠 있다는 것은 지구가 태양을 바라보고 있다는 거예요. 그런데 지구는 둥글게 생겼죠. 한쪽이 해를 보면, 반대쪽은 볼 수 없다는 뜻이에요. 즉 지구에서 태양을 바라보는 쪽은 낮, 그 반대쪽은 밤이죠.

그렇다면 지구에서 우리가 있는 쪽은 늘 낮이거나, 혹은 늘 밤이어야 하는데 왜 낮도 있고 밤도 있는 걸까요? 그건 지구의 움직임 때문이에요. 지구는 빙그르르 도는 *자전을 해요. 지구가 하루에 한 바퀴씩 자전을 하기 때문에 우리는 하루에 한 번씩 밝은 낮과 어두운 밤을 맞게 되는 것이랍니다.

낮과 밤은 밝고 어둡다는 차이뿐만 아니라 지구의 온도에도 영향을 줘요. 낮에는 태양의 빛과 함께 뜨거운 열을 받아 기온이 높아져 따뜻한데, 밤에는 열을 받지 못해 낮보다 기온이 낮아요.

* 어휘 풀이는 가이드북 18쪽에서 볼 수 있어요.

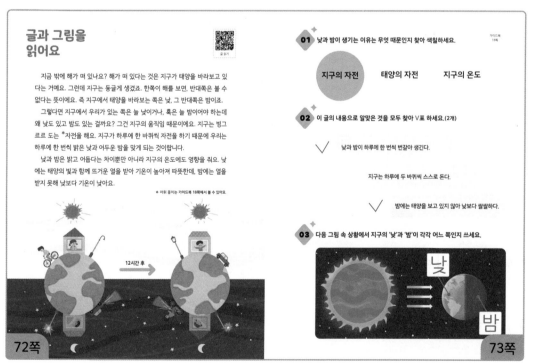

12시간 후

72쪽

01 낮과 밤이 생기는 이유는 무엇 때문인지 찾아 색칠하세요.

지구의 자전   태양의 자전   지구의 온도

02 이 글의 내용으로 알맞은 것을 모두 찾아 V표 하세요.(2개)

V 낮과 밤이 하루에 한 번씩 번갈아 생긴다.

지구는 하루에 두 바퀴씩 스스로 돈다.

V 밤에는 태양을 보고 있지 않아 낮보다 쌀쌀하다.

03 다음 그림 속 상황에서 지구의 '낮'과 '밤'이 각각 어느 쪽인지 쓰세요.

낮

밤

73쪽

코칭 tip

<낮과 밤은 왜 생길까?>에서 붙임딱지 붙이기 활동을 통해 야행성 동물을 알아볼 수 있습니다. 낮이 아닌 밤에 활동하기 좋아하는 동물들도 있다는 것을 알려 주세요.

어휘 가이드

＊ 자전: 지구와 같은 천체가 스스로 고정된 축을 중심으로 회전함. 또는 그런 운동

18일차 | 75~78쪽

낱말과 놀아요

● 그림을 나타내는 낱말을 바르게 연결하세요. ●

눈 | 밤 | 배

74쪽

___월 ___일에
공부했어요

가이드북 19쪽

18
줄넘기를 신나게 콩콩

● 친구들이 줄을 사용하는 놀이를 할 수 있도록 줄을 그려 보세요. ●

75쪽

코칭 tip

<낱말과 놀아요>는 모양은 같지만 뜻이 다른 낱말을 알아보는 활동입니다. 사람의 '다리'와 물을 건너기 위한 '다리', 곤충 '벌'과 잘못했을 때 받는 '벌' 등 다양한 예시를 함께 찾아보아도 좋아요.

글과 그림을 읽어요

'줄넘기'는 줄의 양쪽 끝에 있는 손잡이를 잡고 돌리면서 그 줄을 뛰어넘는 운동이에요. 두 손에 손잡이를 하나씩 나눠 쥐고, 두 발을 함께 모아서 뛰는 '두 발 모아 뛰기'가 줄넘기의 가장 기본 동작이에요. 또 제자리에서 발을 번갈아 뛰며 줄을 넘는 '두 발 번갈아 뛰기' 동작도 있죠.

줄넘기는 팔과 다리를 모두 사용하는 운동이라서 우리 몸이 *균형 있게 클 수 있도록 도와줘요. 그리고 시간이나 장소에 크게 영향을 받지 않아서 언제 어디서나 쉽게 할 수 있죠. 또 혼자 할 수도 있고, 친구와 짝을 짓거나 여럿이 함께 할 수도 있어요.

줄넘기 중에서 음악에 맞추어 여러 가지 동작과 율동을 곁들여 하는 줄넘기를 '음악 줄넘기'라고 해요. 음악 줄넘기는 보통 여럿이 함께 하는데, *리듬감을 기를 수 있고 스트레스 해소에도 도움이 돼요.

* 어휘 풀이는 가이드북 19쪽에서 볼 수 있어요.

76쪽

가이드북 19쪽

01 이 글에서 소개하고 있는 운동을 찾아 색칠하세요.

멀리뛰기 | 줄넘기 | 리듬 체조

02 그림 속 줄넘기 동작의 이름을 바르게 연결하세요.

● 두 발 모아 뛰기

● 두 발 번갈아 뛰기

03 줄넘기의 좋은 점을 모두 찾아 V표 하세요.(2개)

	혼자서만 할 수 있는 운동이라서 자유롭다.
✓	음악 줄넘기는 리듬감을 키울 수 있다.
✓	몸이 균형 있게 자랄 수 있도록 돕는다.

77쪽

어휘 가이드

* **균형**: 어느 한쪽으로 기울거나 치우치지 아니하고 고른 상태
* **리듬감**: 일정한 음악적 규칙에 따라 반복되며 움직이는 느낌

19

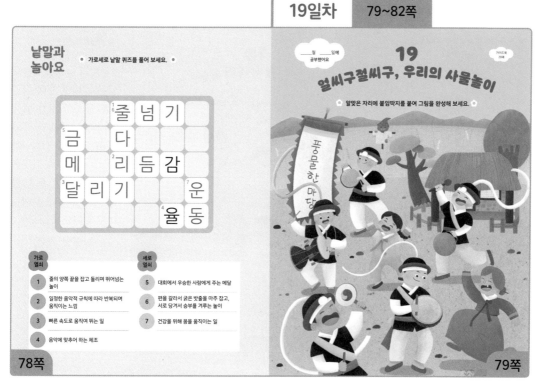

낱말과 놀아요

그림을 보고 문장에서 알맞은 말을 골라 ○표 하세요.

놀이터에서 시소를 타요.
놀이터

맞춤법이 다르다 **틀리다** .

1. 1+2 = 3
2. 2+3 = 5

문제의 답이 다르다 **틀리다** .

두 옷의 색깔이 **다르다** 틀리다 .

책을 사자.
아니, 연필을 사자.

두 친구의 생각이 **다르다** 틀리다 .

82쪽

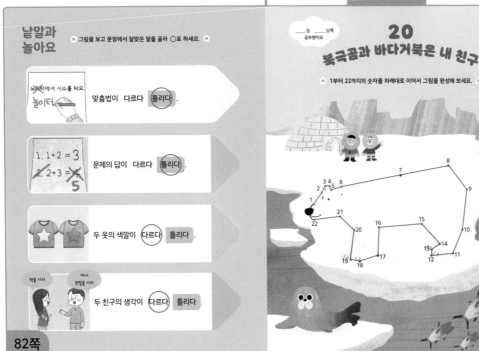

월 일에
공부했어요

가이드북 21쪽

20
북극곰과 바다거북은 내 친구

1부터 22까지의 숫자를 차례대로 이어서 그림을 완성해 보세요.

83쪽

글과 그림을 읽어요

글 읽기

북극곰은 북극 바다의 얼음 위에서 살고 있어요. 얼음 구멍에서 물고기나 바다표범을 사냥해서 먹이를 얻지요. 그런데 지구가 따뜻해지면서 얼음이 점점 녹고 있어요. 그래서 북극곰들은 먹이를 구하기 힘들어지고, 살 곳을 잃어가고 있답니다. 이렇게 지구의 온도가 높아지는 건 우리가 쓰는 여러 물건들을 만들 때 나오는 *온실가스 때문이에요. 나무가 온실가스를 흡수할 수 있지만, 너무 많은 온실가스가 생기고 있어요.

바다거북은 100년까지도 살 수 있는 동물로 알려져 있어요. 하지만 바다가 오염되면서 매년 많은 바다거북이 죽어가고 있어요. 죽은 바다거북의 몸속에서 플라스틱이나 비닐과 같은 쓰레기가 발견된다고 해요. 지금도 바다에는 수많은 쓰레기가 버려지고 있어요. 그 쓰레기들은 바다를 둥둥 떠돌아 바다 위에서 거대한 쓰레기 섬이 되기도 해요.

북극곰과 바다거북은 지구에서 우리와 함께 살아가는 친구들이에요. 그 친구들을 지켜 주기 위해 우린 어떤 일을 할 수 있을지 고민해 보기로 해요.

* 어휘 풀이는 가이드북 21쪽에서 볼 수 있어요.

84쪽

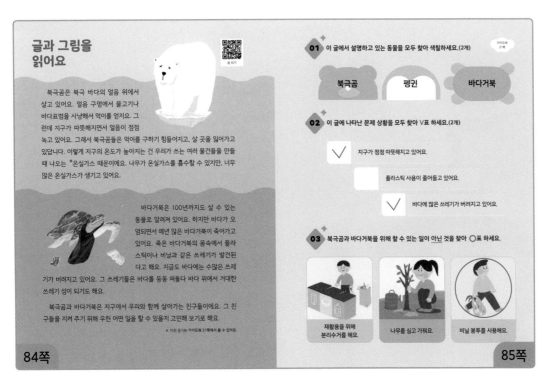

01 이 글에서 설명하고 있는 동물을 모두 찾아 색칠하세요.(2개)

가이드북 21쪽

북극곰 펭귄 바다거북

02 이 글에 나타난 문제 상황을 모두 찾아 V표 하세요.(2개)

[V] 지구가 점점 따뜻해지고 있어요.

[ ] 플라스틱 사용이 줄어들고 있어요.

[V] 바다에 많은 쓰레기가 버려지고 있어요.

03 북극곰과 바다거북을 위해 할 수 있는 일이 아닌 것을 찾아 ○표 하세요.

재활용을 위해 분리수거를 해요.

나무를 심고 가꿔요.

비닐 봉투를 사용해요.

85쪽

낱말과 놀아요

사다리를 타고 내려가 환경 오염의 종류를 따라 쓰세요.

공기가 더러워졌어요.　바다가 더러워졌어요.　땅이 더러워졌어요.

해양 오염　대기 오염　토양 오염

86쪽

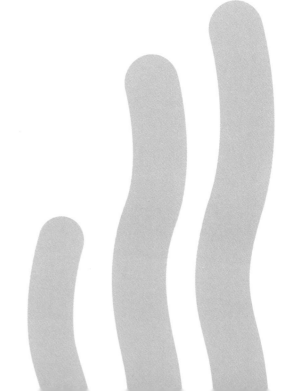

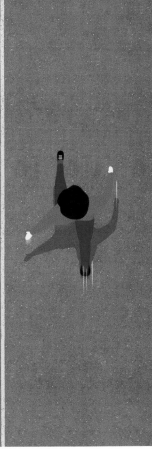

시작부터 남다른 한끝

한 끝이 반이다

교과서 학습부터 평가 대비까지 한 권으로 끝!

3,200만 권 돌파

• 깔끔한 개념 정리로 교과서 **핵심 내용이 머릿속에 쏙쏙**
• 알기 쉽게 풀어 쓴 용어 설명으로 **국어·사회 공부의 어려움을 해결**
• 풍부한 사진, 도표, 그림 자료로 **어려운 내용도 한번에 이해**
• 다양하고 풍부한 유형 문제와 서술형·논술형 문제로 **학교 시험도 완벽 대비**

초등 국어 1~6학년 / 사회 3~6학년

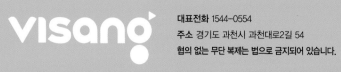

대표전화 1544-0554
주소 경기도 과천시 과천대로2길 54
협의 없는 무단 복제는 법으로 금지되어 있습니다.

누구든 메타인지만 켠다면

트일 거예요

공부머리

ON1Y
META

오늘의 공부가 보내는 SOS에
단 하나의 답이 켜집니다.

이제, 누구라도
공부머리가 트일 수 있도록!

대한민국 메타인지 스위치 ON 온리원

지금 비상교육 온리원 무료체험하고
공부머리가 트이는 학습을
경험해보세요!

온리원 무료체험 🔍

문의 1588-6563 온리원 www.only1.co.kr

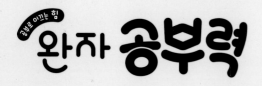

글로 이기는 힘
완자 공부력

예비 초등
독해 시작하기 2권

P1 짧은 글 읽기   P2 긴 글 읽기

초등
국어 독해 12권

1A~6B

visang

비상교재
누리집에
방문해보세요

http://book.visang.com/

발간 이후에 발견되는 오류 비상교재 누리집 ▶ 학습자료실 ▶ 초등교재 ▶ 정오표
본 교재와 정답 비상교재 누리집 ▶ 학습자료실 ▶ 초등교재 ▶ 정답・해설

ISBN 979-11-6940-434-1
73710

9 791169 404341

정가 10,000원
통합핵심보드 VS01이24_1

항균필름 표지 적용도서
비상교육이 여러분의 건강을 위해 전문분석기관에서 인증받은
항균(99.9%) 필름을 본 교재 표지에 사용하였습니다.

KC마크는 이 제품이
공통안전기준에 적합
하였음을 의미합니다.

이름